Impressum
Verlag: BABADADA GmbH, Nedderfeld 112 , 22529 Hamburg
Geschäftsführer / Verlagsleitung: Harald Hof
Druck: Books on Demand GmbH, In de Tarpen 42, 22848 Norderstedt

Imprint
Publisher: BABADADA GmbH, Nedderfeld 112 , 22529 Hamburg, Germany
Managing Director / Publishing direction: Harald Hof
Print: Books on Demand GmbH, In de Tarpen 42, 22848 Norderstedt

# σχολείο
# škola

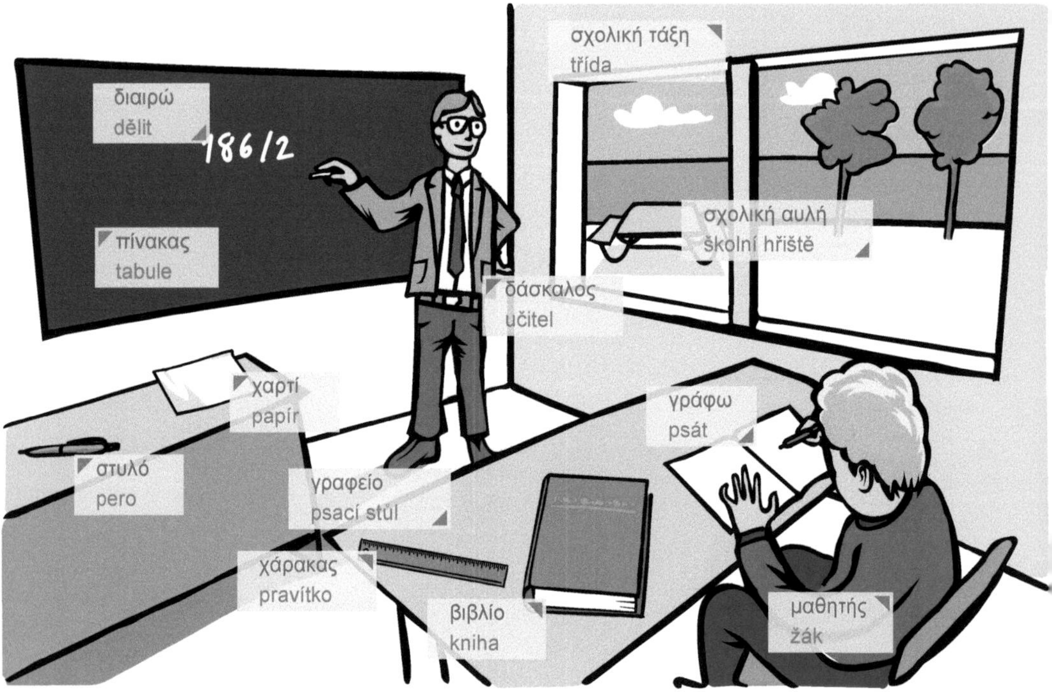
σχολική τάξη
třída
διαιρώ
dělit
186/2
πίνακας
tabule
σχολική αυλή
školní hřiště
δάσκαλος
učitel
χαρτί
papír
γράφω
psát
στυλό
pero
γραφείο
psací stůl
χάρακας
pravítko
βιβλίο
kniha
μαθητής
žák

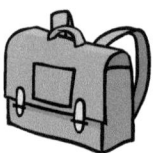

σχολική τσάντα

aktovka

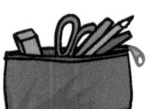

κασετίνα/ μολυβοθήκη

penál

μολύβι

tužka

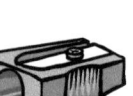

ξύστρα

ořezávátko

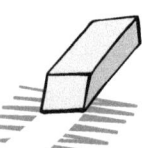

γόμα

guma

μπλοκ ζωγραφικής

blok na kreslení

ζωγραφική

výkres

πινέλο

štětec

κουτί χρωμάτων

malířské potřeby

ψαλίδι

nůžky

κόλλα

lepidlo

τετράδιο ασκήσεων

cvičebnice

εργασία για το σπίτι

domácí úkol

αριθμός

počet

προσθέτω

sčítat

αφαιρώ

odčítat

πολλαπλασιάζω

násobit

υπολογίζω

počítat

γράμμα

písmeno

αλφάβητο

abeceda

λέξη

slovo

κείμενο

text

διαβάζω

číst

κιμωλία

křída

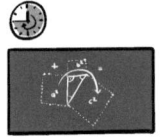

μάθημα

hodina

εγγράφομαι

třídní kniha

τεστ

zkouška

πιστοποιητικό

vysvědčení

μαθητική στολή

školní uniforma

εκπαίδευση

vzdělání

εγκυκλοπαίδεια

encyklopedie

πανεπιστήμιο

univerzita

μικροσκόπιο

mikroskop

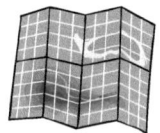

χάρτης

karta

καλάθι αχρήστων

odpadkový koš na papír

# ταξίδι
# cesta

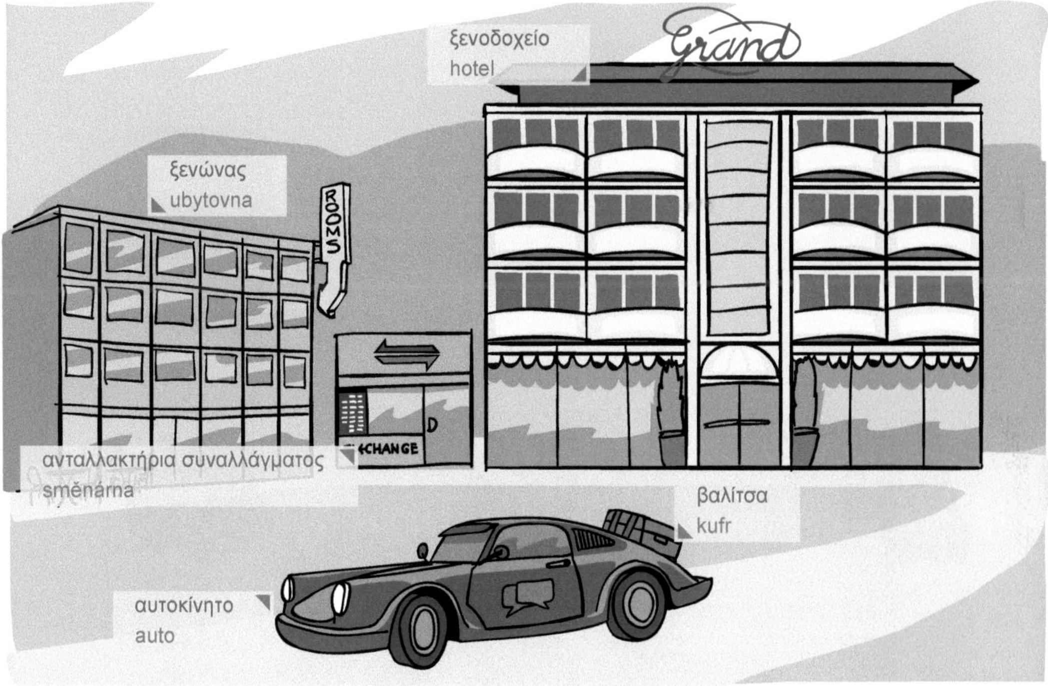
ξενοδοχείο
hotel
Grand
ξενώνας
ubytovna
ROOMS
EXCHANGE
ανταλλακτήρια συναλλάγματος
směnárna
βαλίτσα
kufr
αυτοκίνητο
auto

γλώσσα

jazyk

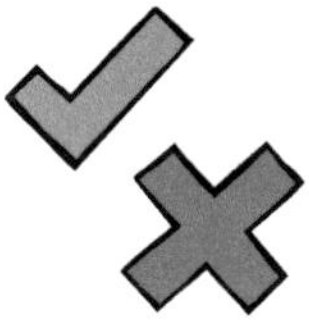

ναι / όχι

ano / ne

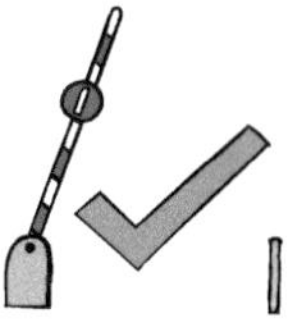

εντάξει

oukej

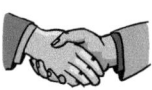

γεια σου

Ahoj!

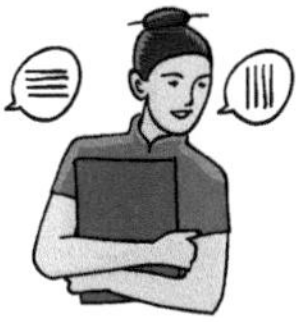

μεταφραστής

překladatel

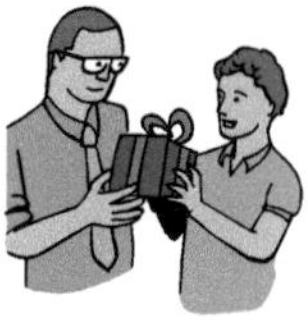

Ευχαριστώ

děkuji

πόσο κάνει ;

Kolik stojí...?

Δε καταλαβαίνω

nerozumím

πρόβλημα

problém

Καλησπέρα!

Dobrý večer!

Καλημέρα!

Dobré ráno!

Καληνύχτα!

Dobrou noc!

Αντίο

na shledanou

κατεύθυνση

směr

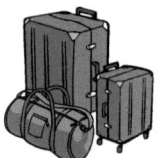

αποσκευές

zavazadlo

τσάντα

taška

σακίδιο πλάτης

batoh

καλεσμένος

host

δωμάτιο

pokoj

υπνόσακος

spací pytel

σκηνή

stan

τουριστικές πληροφορίες

turistické informace

παραλία

pláž

πιστωτική κάρτα

kreditní karta

πρωινό

snídaně

μεσημεριανό

oběd

δείπνο

večeře

εισιτήριο

jízdenka

ανελκυστήρας

výtah

γραμματόσημο

poštovní známka

σύνορα

hranice

τελωνείο

clo

πρεσβεία

poselství

βίζα

vízum

διαβατήριο

pas

# μεταφορά
# transport

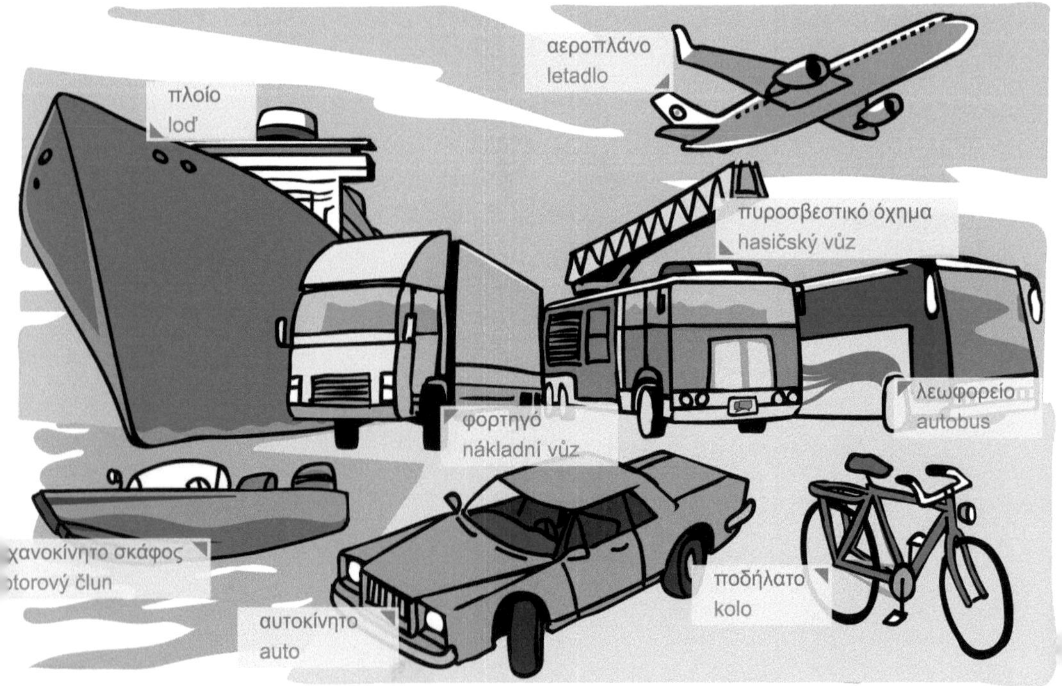

αεροπλάνο
letadlo
πλοίο
loď
πυροσβεστικό όχημα
hasičský vůz
λεωφορείο
autobus
φορτηγό
nákladní vůz
χανοκίνητο σκάφος
otorový člun
ποδήλατο
kolo
αυτοκίνητο
auto


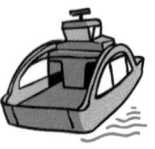

φεριμπότ

přívoz

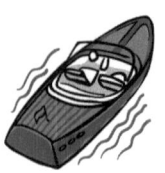

βάρκα

člun

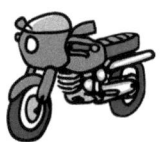

μοτοσικλέτα

motorka

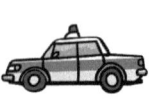

περιπολικό

policejní auto

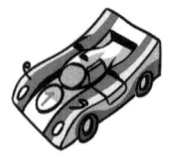

αγωνιστικό αυτοκίνητο

závodní auto

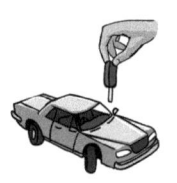

ενοικιαζόμενο αυτοκίνητο

pronajaté auto

διαμοιρασμός αυτοκινήτων

sdílení aut

γερανός

odtahová služba

απορριμματοφόρο

popelářský vůz

κινητήρας

motor

καύσιμο

palivo

βενζινάδικο

čerpací stanice

πινακίδα σήμανσης

dopravní značka

κυκλοφορία

doprava

κυκλοφοριακή συμφόρηση

dopravní zácpa

χώρος στάθμευσης

parkoviště

σιδηροδρομικός σταθμός

vlakové nádraží

σιδηροδρομικές γραμμές

koleje

τρένο

vlak

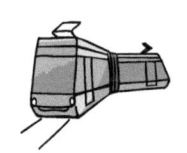

τραμ

tramvaj

βαγόνι

vagón

ελικόπτερο

helikoptéra

αεροδρόμιο

letiště

πύργος

věž

επιβάτης

pasažér

εμπορευματοκιβώτιο

kontejner

χαρτοκιβώτιο

kartón

καρότσι

trakař

καλάθι

koš

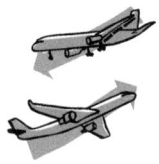

απογειώνομαι /
προσγειόνομαι

vzlétnout / přistát

## πόλη
## město

χωριό

vesnice

κέντρο της πόλης

střed města

σπίτι

dům

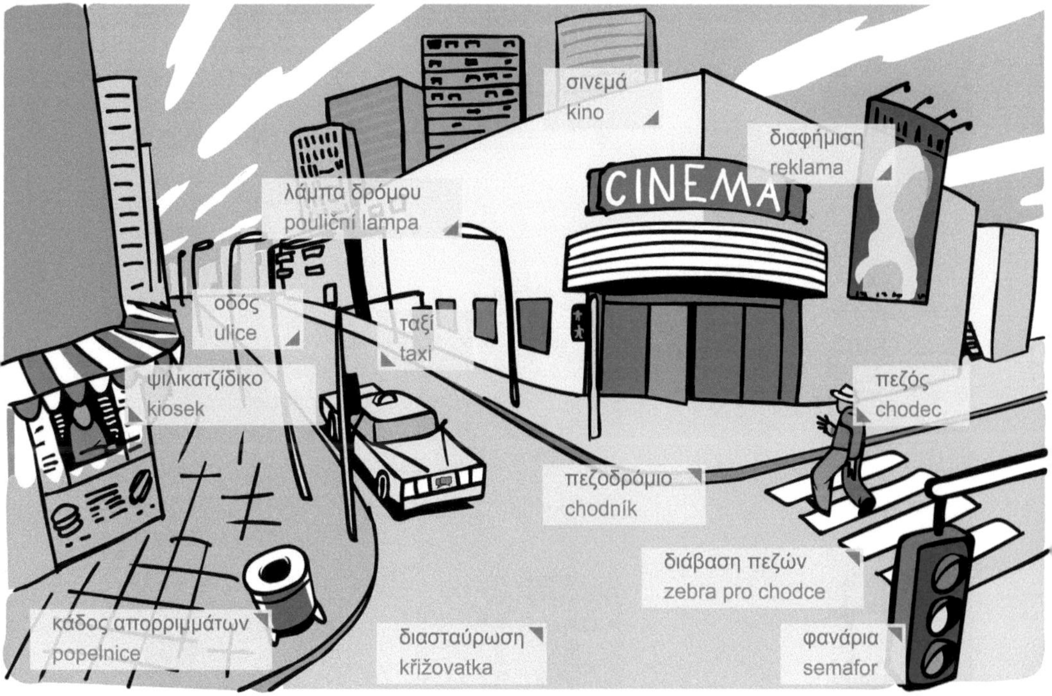

σινεμά / kino

διαφήμιση / reklama

λάμπα δρόμου / pouliční lampa

οδός / ulice

ταξί / taxi

ψιλικατζίδικο / kiosek

πεζός / chodec

πεζοδρόμιο / chodník

διάβαση πεζών / zebra pro chodce

κάδος απορριμμάτων / popelnice

διασταύρωση / křižovatka

φανάρια / semafor

καλύβα

chata

διαμέρισμα

byt

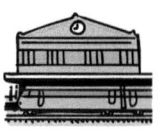

σιδηροδρομικός σταθμός

vlakové nádraží

δημαρχείο

radnice

μουσείο

muzeum

σχολείο

škola

πόλη - město

πανεπιστήμιο

univerzita

τράπεζα

banka

νοσοκομείο

nemocnice

ξενοδοχείο

hotel

φαρμακείο

lékárna

γραφείο

kancelář

βιβλιοπωλείο

knihkupectví

κατάστημα

obchod

ανθοπωλείο

květinářství

σούπερ μάρκετ

supermarket

αγορά

tržnice

πολυκατάστημα

obchodní dům

ιχθυοπωλείο

rybárna

εμπορικό κέντρο

nákupní centrum

λιμάνι

přístav

πάρκο

park

παγκάκι

lavička

γέφυρα

most

σκάλες

schody

μετρό

metro

τούνελ

tunel

στάση λεωφορείου

autobusová zastávka

μπαρ

bar

εστιατόριο

restaurace

γραμματοκιβώτιο

poštovní schránka

πινακίδα δρόμου

pouliční tabule

παρκόμετρο

parkovací hodiny

ζωολογικός κήπος

zoo

πισίνα

plovárna

τζαμί

mešita

αγρόκτημα

usedlost

ρύπανση

znečišťování životního prostředí

νεκροταφείο

hřbitov

εκκλησία

církev

παιδική χαρά

hřiště

ναός

chrám

## τοπίο
## krajina

![Illustration scene]

φύλλο
list

πινακίδα κατεύθυνσης
rozcestník

δρόμος
cesta

λιβάδι
louka

πέτρα
kámen

δέντρο
strom

πεζοπόρος
turista

ποτάμι
řeka

χορτάρι
tráva

λουλούδι
květina

κοιλάδα

údolí

λόφος

hora

λίμνη

jezero

δάσος

les

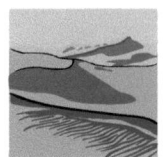

έρημος

poušť

ηφαίστειο

sopka

κάστρο

zámek

ουράνιο τόξο

duha

μανιτάρι

houba

φοίνικας

palma

κουνούπι

komár

μύγα

moucha

μυρμήγκι

mravenec

μέλισσα

včela

αράχνη

pavouk

σκαθάρι

brouk

βάτραχος

žába

σκίουρος

veverka

σκαντζόχοιρος

ježek

λαγός

zajíc

κουκουβάγια

sova

πουλί

pták

κύκνος

labuť

αγριογούρουνο

divoké prase

ελάφι

jelen

άλκη

los

φράγμα

přehrada

ανεμογεννήτρια

větrné kolo

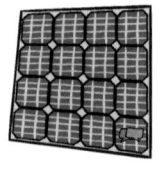

ηλιακός συλλέκτης

solární panel

κλίμα

podnebí

# εστιατόριο
# restaurace

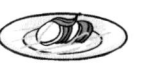

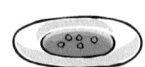

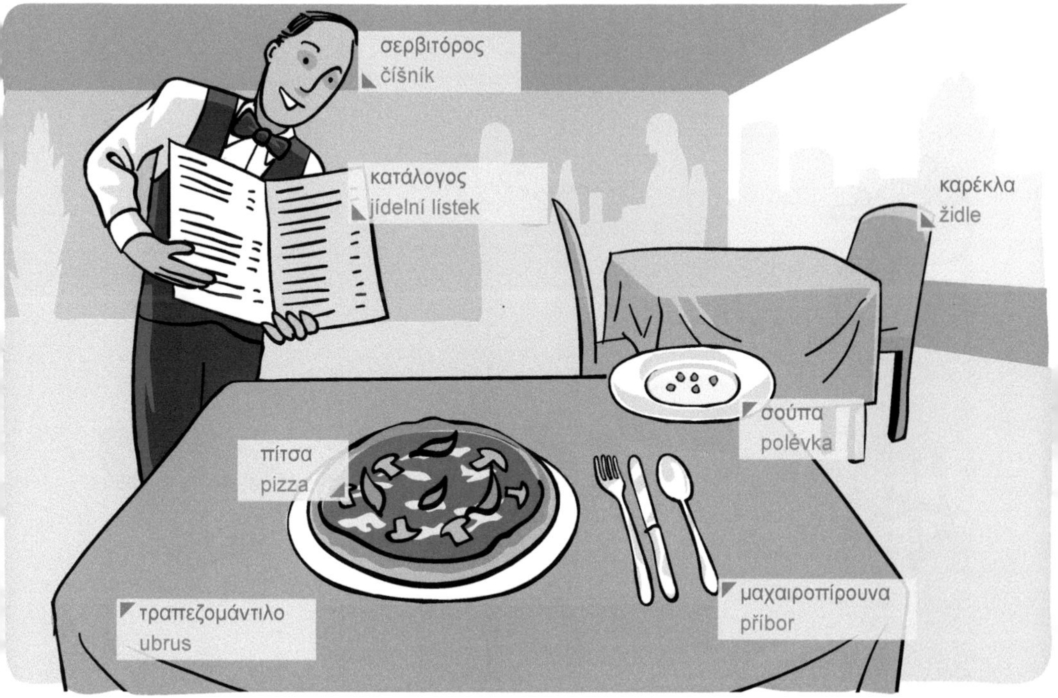
σερβιτόρος
číšník
κατάλογος
jídelní lístek
καρέκλα
židle
σούπα
polévka
πίτσα
pizza
τραπεζομάντιλο
ubrus
μαχαιροπίρουνα
příbor

ορεκτικό

předkrm

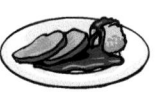

κύριο πιάτο

hlavní chod

επιδόρπιο

dezert

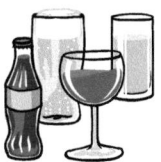

ποτά

nápoje

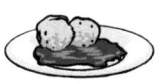

φαγητό

jídlo

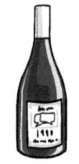

μπουκάλι

láhev

φαστ φουντ

rychlé občerstvení

φαγητό στ' όρθιο

pouliční občerstvení

τσαγιέρα

čajová konvice

δοχείο ζάχαρης

cukřenka

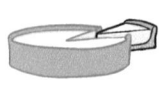

μερίδα

porce

μηχανή εσπρέσο

kávovar na espresso

ψηλή καρέκλα

dětská stolička

λογαριασμός

faktura

δίσκος

tác

μαχαίρι

nůž

πιρούνι

vidlička

κουτάλι

lžíce

κουταλάκι του τσαγιού

čajová lžička

πετσέτα φαγητού

ubrousek

ποτήρι

sklenička

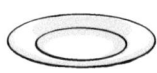

πιάτο

talíř

πιάτο σούπας

talíř na polévku

πιατάκι φλιτζανιού

podšálek

σάλτσα

omáčka

αλατιέρα

slánka

μύλος για πιπέρι

mlýnek na pepř

ξύδι

ocet

λάδι

olej

μπαχαρικά

koření

κέτσαπ

kečup

μουστάρδα

hořčice

μαγιονέζα

majonéza

# σούπερ μάρκετ

# supermarket

προσφορά
nabídka
FOR
πελάτης
zákazník
γαλακτοκομικά προϊόντα
mléčné výrobky
φρούτα
ovoce
καρότσι για ψώνια
nákupní vozík

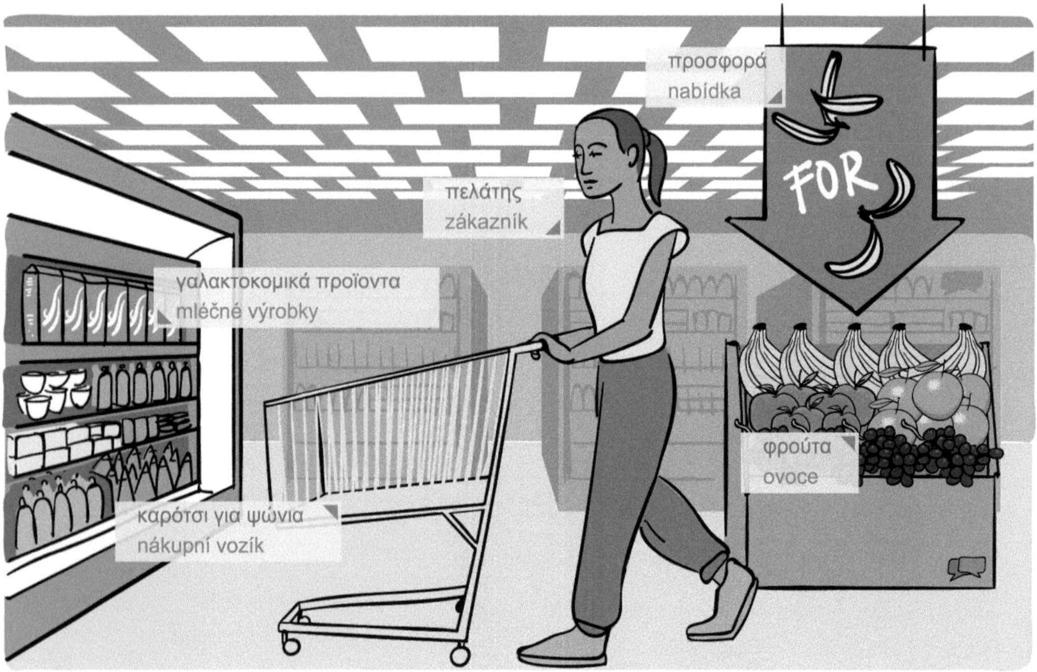

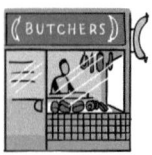

BUTCHERS

κρεοπωλείο

masna

BAKERY

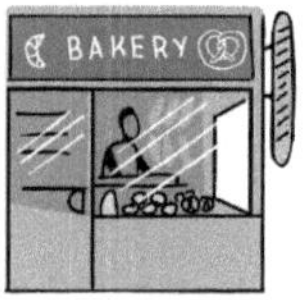

φούρνος

pekařství

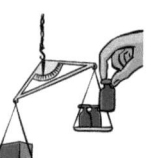

ζυγίζω

vážit

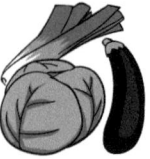

λαχανικά

zelenina

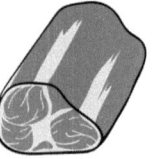

κρέας

maso

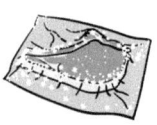

κατεψυγμένα τρόφιμα

mražené potraviny

αλλαντικά

obložený talíř

κονσερβοποιημένη τροφή

konzervy

απορρυπαντικό ρούχων

prací prášek

γλυκά

cukrovinky

οικιακά είδη

výrobky pro domácnost

καθαριστικά προϊόντα

čisticí prostředek

πωλήτρια

prodavačka

ταμείο

pokladna

ταμίας

pokladní

λίστα για ψώνια

nákupní seznam

ωράριο λειτουργίας

otevírací doba

πορτοφόλι

peněženka

πιστωτική κάρτα

kreditní karta

τσάντα

taška

πλαστική σακούλα

igelitová taška

νερό
voda

χυμός
džus

γάλα
mléko

κόκα κόλα
kola

κρασί
víno

μπίρα
pivo

αλκοόλ
alkohol

κακάο
kakao

τσάι
čaj

καφές
káva

εσπρέσο
espresso

καπουτσίνο
kapučíno

μπανάνα
banán

μήλο
jablko

πορτοκάλι
pomeranč

πεπόνι
meloun

λεμόνι
citrón

καρότο
mrkev

σκόρδο
česnek

μπαμπού
bambus

κρεμμύδι
cibule

μανιτάρι
houba

ξηροί καρποί
ořechy

νουντλς
těstoviny

μακαρόνια

špageti

ρύζι

rýže

σαλάτα

salát

πατατάκια

hranolky

τηγανητές πατάτες

americké brambory

πίτσα

pizza

χάμπουργκερ

hamburger

σάντουιτς

sendvič

κοτολέτα

řízek

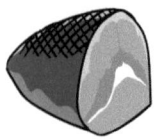

ζαμπόν

šunka

σαλάμι

salám

λουκάνικο

salám

κοτόπουλο

kuře

ψητό

pečeně

ψάρι

ryby

χυλός βρώμης

ovesné vločky

μούσλι

müsli

κορν φλέικς

vločky

αλεύρι

mouka

κρουασάν

croissant

ψωμάκι

houska

ψωμί

chléb

τοστ

toast

μπισκότα

sušenky

βούτυρο

máslo

τυρόπηγμα

tvaroh

κέικ

buchta

αυγό

vejce

τηγανητό αυγό

volské oko

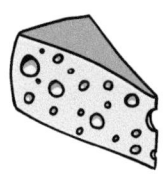

τυρί

sýr

παγωτό

zmrzlina

ζάχαρη

cukr

μέλι

med

μαρμελάδα

marmeláda

άλλειμμα σοκολάτας

nugátový krém

κάρυ

kari

φαγητό - jídlo

# αγρόκτημα
# usedlost

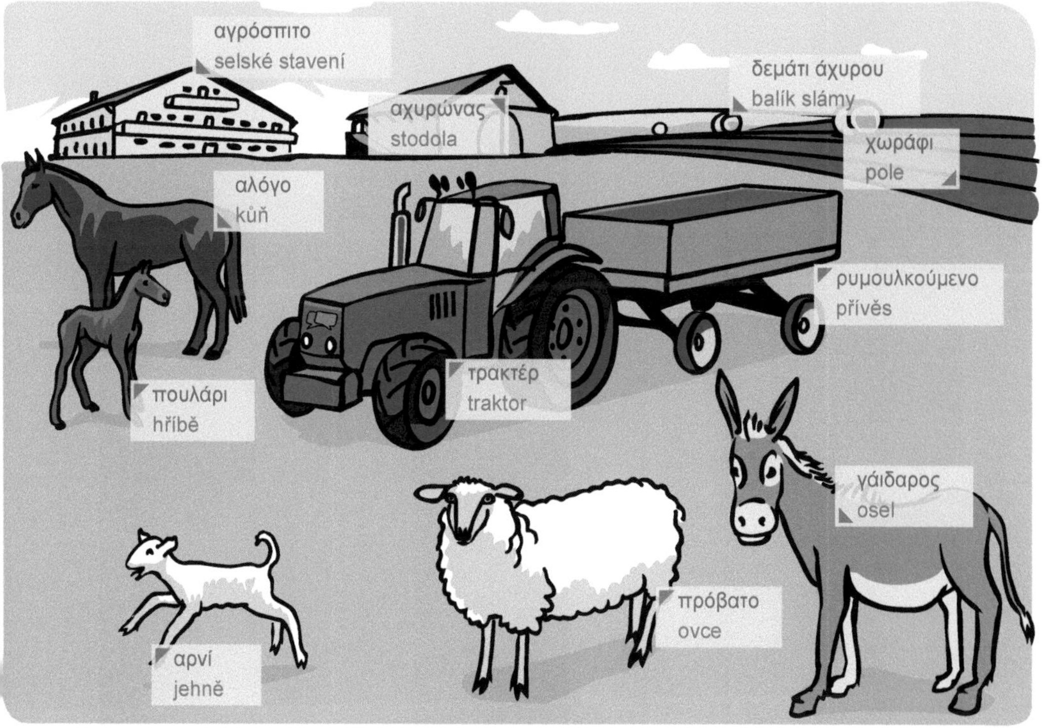
αγρόσπιτο
selské stavení
αχυρώνας
stodola
δεμάτι άχυρου
balík slámy
χωράφι
pole
αλόγο
kůň
ρυμουλκούμενο
přívěs
πουλάρι
hříbě
τρακτέρ
traktor
γάιδαρος
osel
πρόβατο
ovce
αρνί
jehně

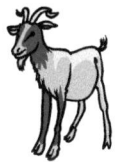

κατσίκα
koza

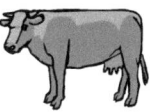

αγελάδα
kráva

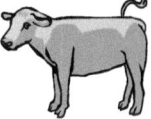

μοσχαράκι
tele

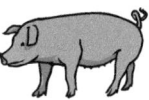

γουρούνι
prase

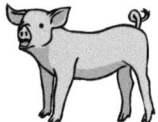

γουρουνάκι
sele

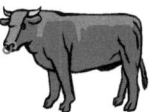

ταύρος
býk

χήνα

husa

πάπια

kachna

κοτοπουλάκι

kuře

κότα

slepice

κόκορας

kohout

αρουραίος

krysa

γάτα

kočka

ποντίκι

myš

βόδι

vůl

σκύλος

pes

σπιτάκι σκύλου

psí bouda

λάστιχο κήπου

zahradní hadice

ποτιστήρι

kropicí konev

θεριστήρι

kosa

αλέτρι

pluh

αγρόκτημα - usedlost

δρεπάνι
srp

τσάπα
motyka

δίκρανο
vidle

τσεκούρι
sekera

χειράμαξα
kolecko

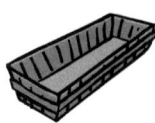

ταΐστρα
koryto

δοχείο γάλακτος
konev na mléko

σάκος
pytel

φράχτης
plot

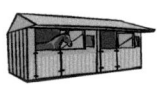

στάβλος
stáj

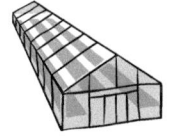

θερμοκήπιο
skleník

έδαφος
půda

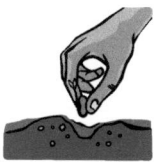

σπόρος
osivo

λίπασμα
hnojivo

θεριζοαλωνιστική μηχανή
kombajn

θερίζω

sklidit

συγκομιδή

sklizeň

γιαμς

smldinec

σιτάρι

pšenice

σόγια

sója

πατάτα

brambora

καλαμπόκι

kukuřice

κράμβη

řepka

οπωροφόρο δέντρο

ovocný strom

μανιόκα

maniok

δημητριακά

obilí

# σπίτι
# dům

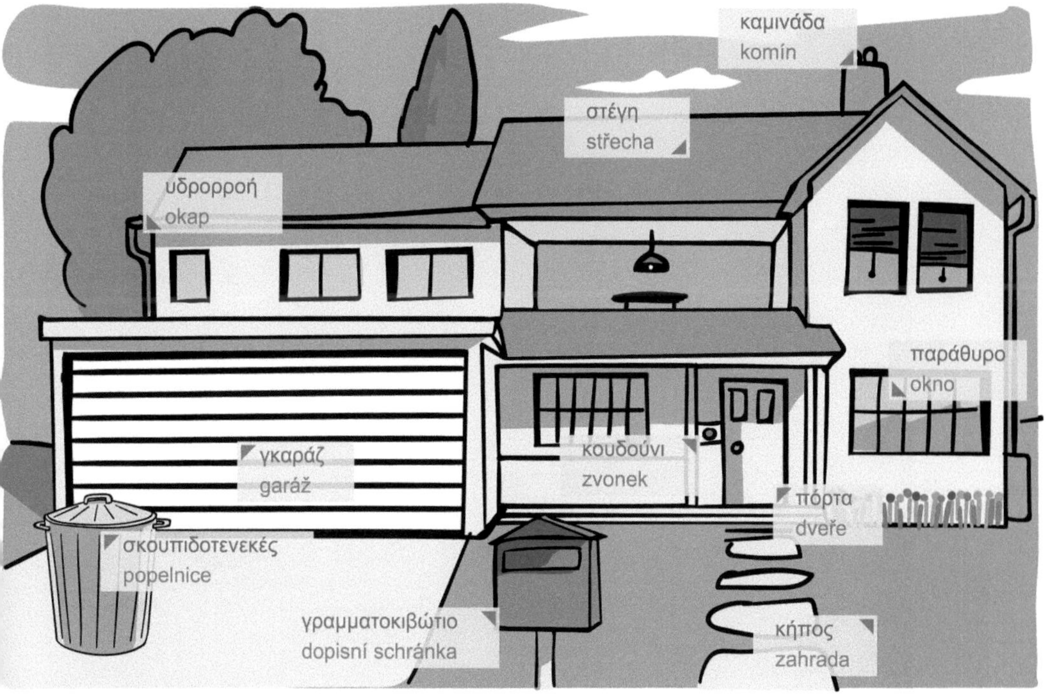
καμινάδα
komín
στέγη
střecha
υδρορροή
okap
παράθυρο
okno
κουδούνι
zvonek
γκαράζ
garáž
πόρτα
dveře
σκουπιδοτενεκές
popelnice
γραμματοκιβώτιο
dopisní schránka
κήπος
zahrada

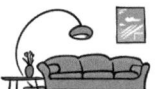

σαλόνι

obývací pokoj

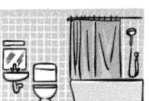

μπάνιο

koupelna

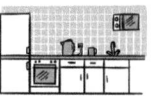

κουζίνα

kuchyně

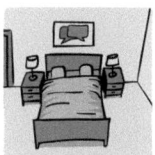

υπνοδωμάτιο

ložnice

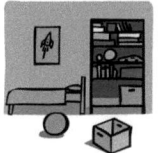

παιδικό δωμάτιο

dětský pokoj

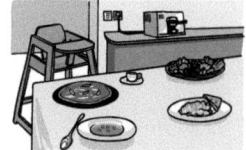

τραπεζαρία

jídelna

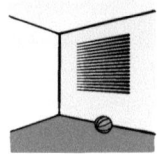

πάτωμα

podlaha

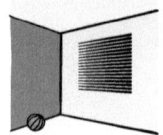

τοίχος

zeď

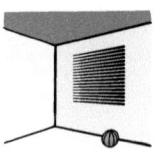

οροφή

deka

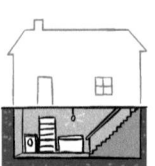

κελάρι

sklep

σάουνα

sauna

μπαλκόνι

balkón

βεράντα

terasa

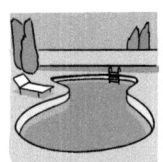

πισίνα

bazén

μηχανή του γκαζόν

sekačka na trávu

σεντόνι

ložní prádlo

κάλυμμα κρεβατιού

lůžková přikrývka

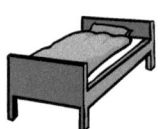

κρεβάτι

postel

σκούπα

smeták

κουβάς

kýbl

διακόπτης

vypínač

# σαλόνι
# obývací pokoj

ταπετσαρία
tapeta
φωτογραφία
obrázek
λάμπα
žárovka
ράφι
police
ντουλάπι
skříň
τηλεόραση
televizor
τζάκι
komín
λουλούδι
květina
μαξιλάρι
polštář
καναπές
gauč
βάζο
váza
τηλεκοντρόλ
dálkový ovladač

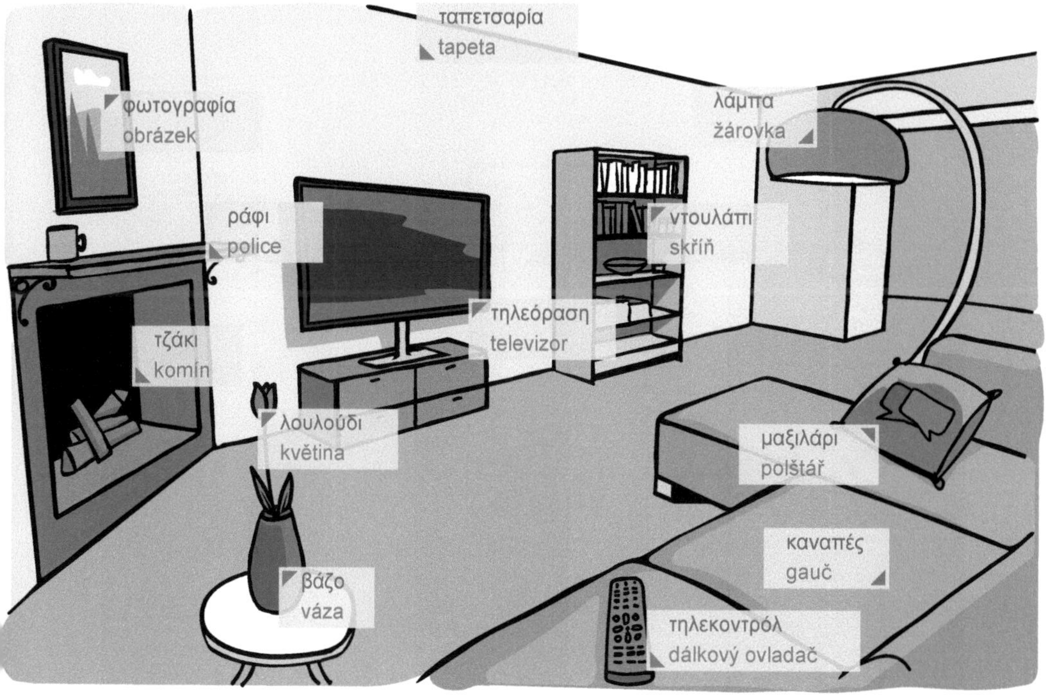

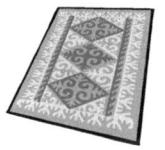

χαλί

koberec

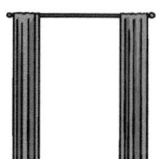

κουρτίνα

závěs

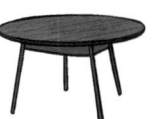

τραπέζι

stůl

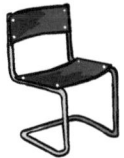

καρέκλα

židle

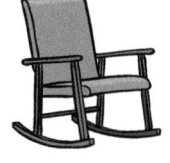

κουνιστή πολυθρόνα

houpací křeslo

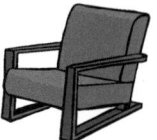

πολυθρόνα

křeslo

βιβλίο

kniha

κουβέρτα

strop

διακόσμηση

ozdoba

καυσόξυλα

palivové dříví

ταινία

film

στερεοφωνικό σύστημα

stereo souprava

κλειδί

klíč

εφημερίδα

noviny

πίνακας ζωγραφικής

malba

αφίσα

plakát

ραδιόφωνο

rádio

σημειωματάριο

poznámkový blok

ηλεκτρική σκούπα

vysavač

κάκτος

kaktus

κερί

svíce

# κουζίνα
# kuchyně

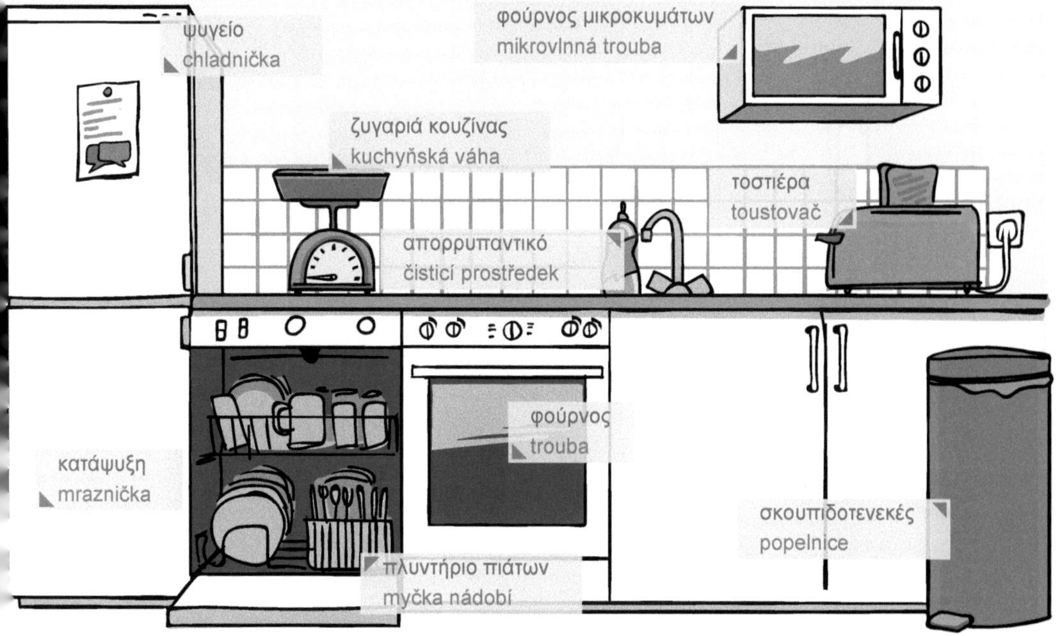

ψυγείο
chladnička
φούρνος μικροκυμάτων
mikrovlnná trouba
ζυγαριά κουζίνας
kuchyňská váha
τοστιέρα
toustovač
απορρυπαντικό
čisticí prostředek
φούρνος
trouba
κατάψυξη
mraznička
σκουπιδοτενεκές
popelnice
πλυντήριο πιάτων
myčka nádobí


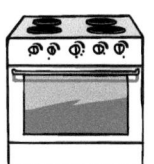

κουζίνα

sporák

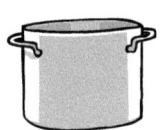

κατσαρόλα

hrnec

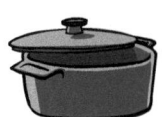

μαντεμένια κατσαρόλα

litinový hrnec

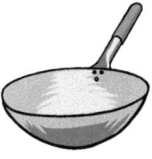

γουόκ/καντάι

wok / kadai

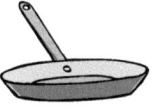

τηγάνι

pánev

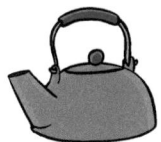

βραστήρας

varná konvice

ατμομάγειρας

parní hrnec

ταψί

plech na pečení

πιατικά

nádobí

κούπα

hrnek

μπολ

miska

ξυλάκια

jídelní hůlky

κουτάλα

naběračka

σπάτουλα

obracečka

ανακατεύω

metla

σουρωτήρι

síto

σουρωτηράκι

cedník

τρίφτης

struhadlo

γουδί

hmoždíř

ψησταριά

gril

ανοιχτή φωτιά

ohniště

σανίδα κοπής

prkénko na krájení

πλάστης

váleček na těsto

ανοιχτήρι φελλών

vývrtka

κονσέρβα

dóza

ανοιχτήρι κονσέρβας

otvírák na konzervy

γάντι φούρνου

chňapka

νεροχύτης

umyvadlo

βούρτσα

kartáč na nádobí

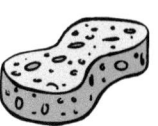

σφουγγάρι

houba

μπλέντερ

mixér

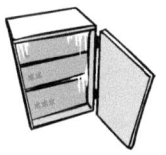

καταψύκτης

mrazák

μπιμπερό

dětská lahev

βρύση

kohoutek

# μπάνιο
# koupelna

θέρμανση
topení
ντους
sprcha
πετσέτα
ručník
κουρτίνα ντους
sprchový závěs
αφρόλουτρο
pěnová koupel
μπανιέρα
vana
ποτήρι
sklenička
πλυντήριο ρούχων
pračka
βρύση
kohoutek
πλακάκια
obkladačky
γιογιό
nočník
νεροχύτης
umyvadlo


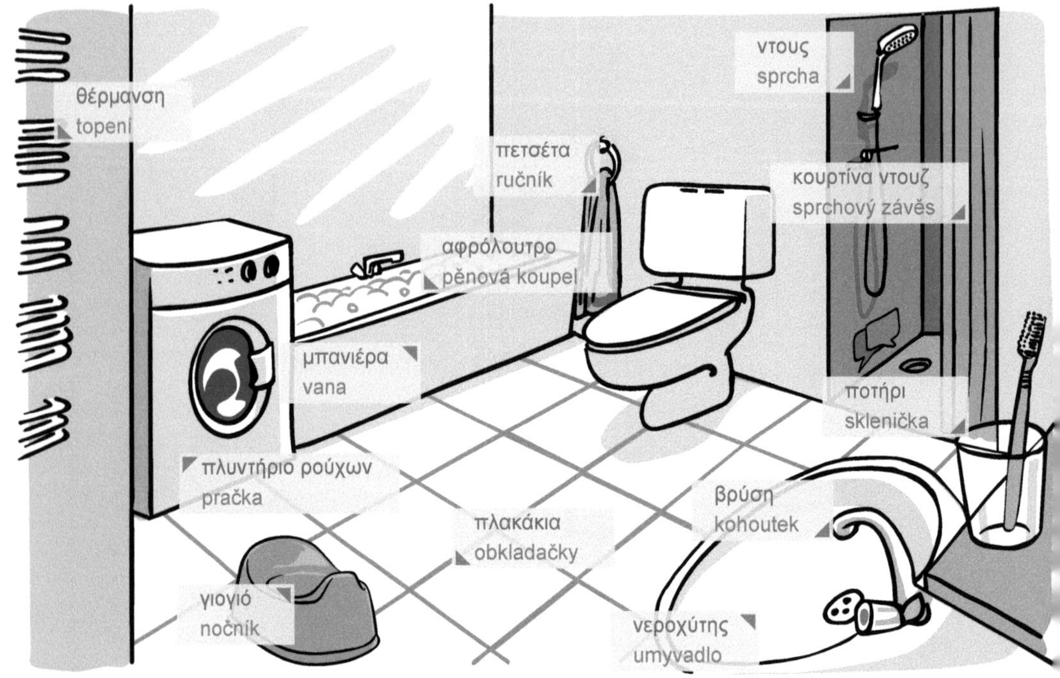

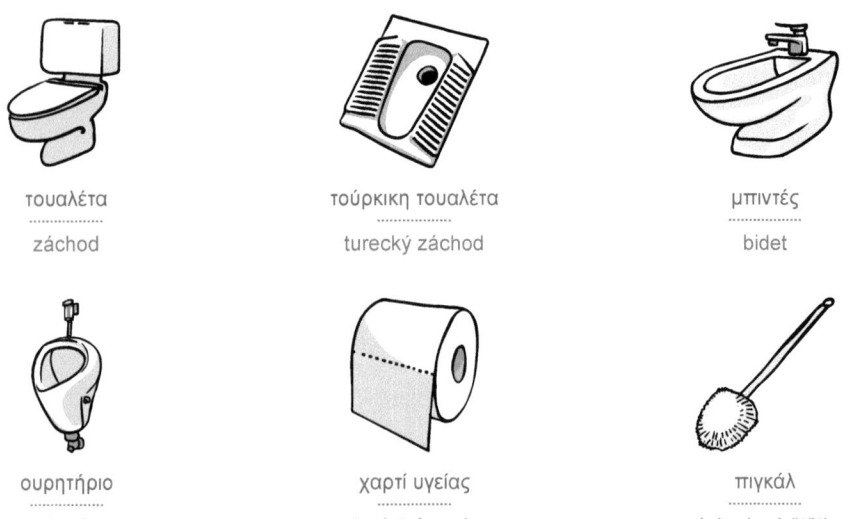

τουαλέτα
záchod

τούρκικη τουαλέτα
turecký záchod

μπιντές
bidet

ουρητήριο
pisoár

χαρτί υγείας
toaletní papír

πιγκάλ
záchodová štětka

οδοντόβουρτσα

zubní kartáček

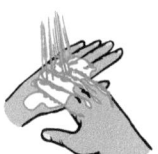

πλένω

mýt

λεκάνη

umyvadlo

αφρόλουτρο

sprchový gel

σιφόνι

odpad

οδοντόκρεμα

zubní pasta

τηλέφωνο ντους

ruční sprcha

βούρτσα πλάτης

kartáč na záda

σαμπουάν

šampón

κρέμα

krém

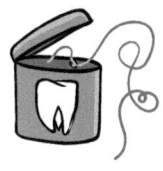

οδοντικό νήμα

zubní niť

ντουσιέρα

intimní sprcha

σαπούνι

mýdlo

φανέλα

žínka

αποσμητικό

deodorant

καθρέφτης

zrcadlo

καθρέφτης χειρός

kosmetické zrcátko

ξυραφάκι

holicí strojek

αφρός ξυρίσματος

pěna na holení

αφτερσέιβ

voda po holení

χτένα

hřeben

βούρτσα

kartáč

σεσουάρ

fén

λακ

lak na vlasy

μακιγιάζ

makeup

κραγιόν

rtěnka

βερνίκι νυχιών

lak na nehty

βαμβάκι

vata

ψαλίδι νυχιών

nůžky na nehty

άρωμα

parfém

νεσεσέρ

taška s toaletními potřebami

σκαμπό

stolička

ζυγαριά

váha

μπουρνούζι

župan

ελαστικά γάντια

gumové rukavice

ταμπόν

tampón

πετσέτα υγιεινής

dámská vložka

χημική τουαλέτα

chemická toaleta

# παιδικό δωμάτιο
# dětský pokoj

ξυπνητήρι
budík
λούτρινο ζωάκι
plyšová hračka
αυτοκινητάκι
autíčko
κουδουνίστρα
chrastítko
κουκλόσπιτο
domeček pro panenky
δώρο
dárek

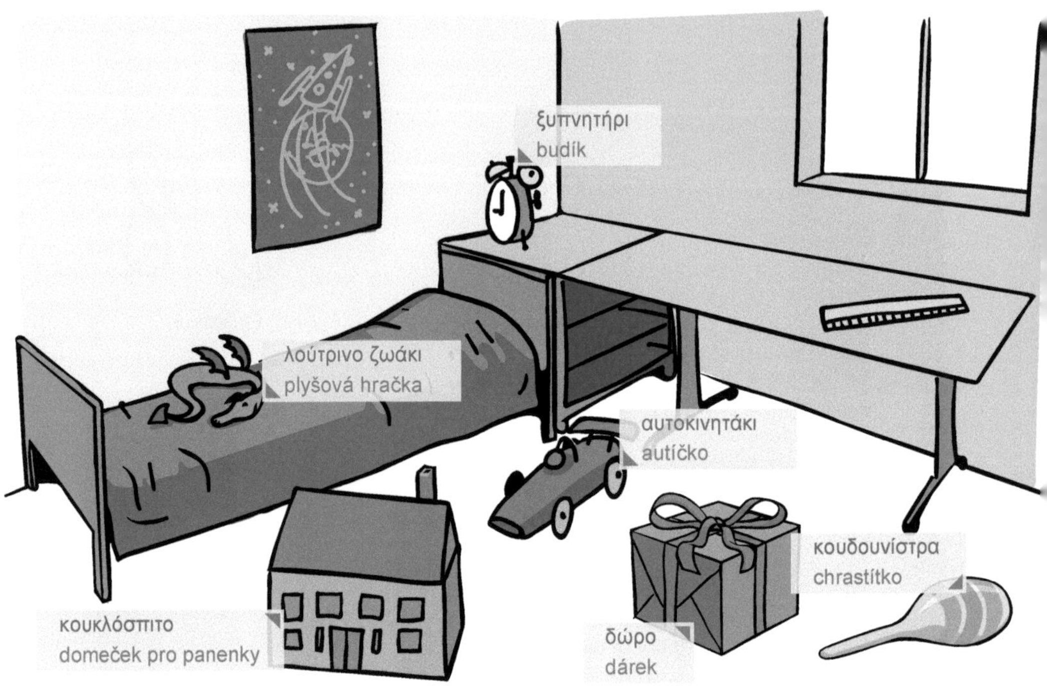

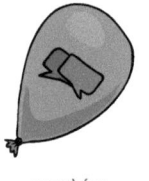

μπαλόνι

balón

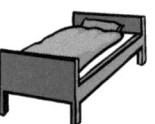

κρεβάτι

postel

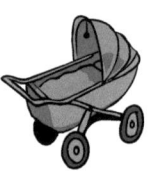

καροτσάκι

kočárek

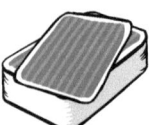

τράπουλα

balíček karet

παζλ

puzzle

SUPER
MEGA

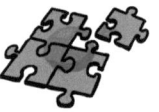

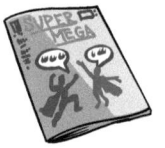

κόμικς

komiks

τουβλάκια lego

lego kostky

τουβλάκια κατασκευών

stavebnice

φιγούρα δράσης

akční figurka

βρεφικό φορμάκι

dupačky

φρίσμπι

frisbee

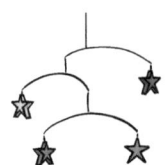

μόμπιλο

závěsné hračky nad postýlku

επιτραπέζιο παιχνίδι

desková hra

ζάρια

kostky

σετ τρενάκι

modelová železnice

πιπίλα

dudlík

πάρτι

oslava

εικονογραφημένο βιβλίο

obrázková kniha

μπάλα

míč

κούκλα

panenka

παίζω

hrát si

σκάμμα με άμμο

pískoviště

κούνια

houpačka

παιχνίδια

hračky

κονσόλα βιντεοπαιχνιδιών

hrací konzole

τρίκυκλο

tříkolka

αρκουδάκι

medvídek

ντουλάπα

šatník

# ρούχα
# oblečení

κάλτσες

ponožky

καλτσοδέτες

punčochy

καλσόν

punčochové kalhoty

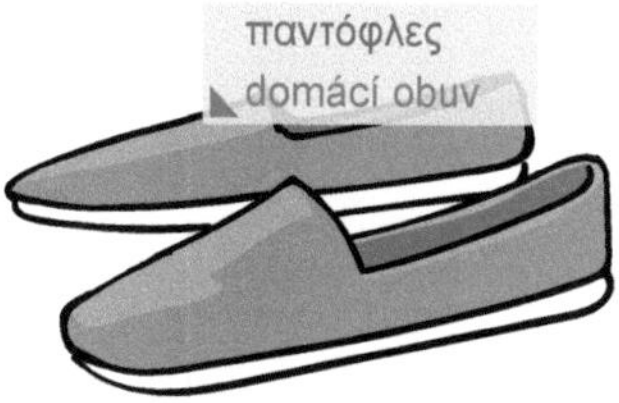

κασκόλ
šála

ομπρέλα
deštník

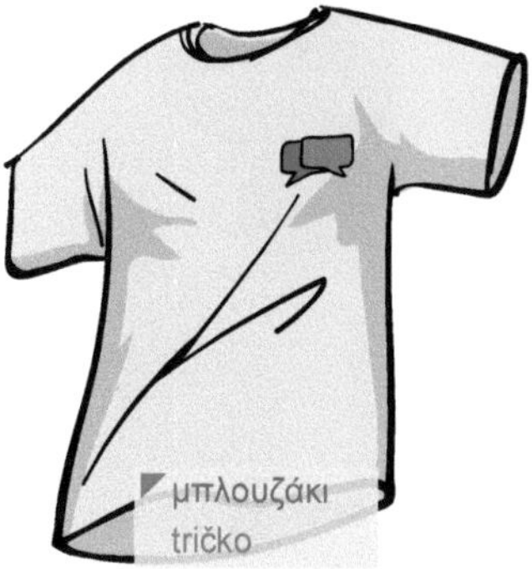

ζώνη
pásek

μπλουζάκι
tričko

μπότες
kozačky

παντόφλες
domácí obuv

αθλητικά παπούτσια
tenisky

σανδάλια
sandály

παπούτσια
obuv

γαλότσες
holínky

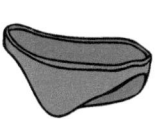

εσώρουχο
spodní prádlo

σουτιέν
podprsenka

φανέλα
nátělník

σώμα

body

παντελόνι

kalhoty

τζιν παντελόνι

džíny

φούστα

sukně

μπλούζα

blůza

πουκάμισο

košile

πουλόβερ

svetr

πουλόβερ

mikina

σακάκι

blejzr

μπουφάν

bunda

παλτό

kabát

αδιάβροχο πανωφόρι

pláštěnka

κοστούμι

kostým

φόρεμα

šaty

νυφικό

svatební šaty

ρούχα - oblečení

κοστούμι

oblek

νυχτικό

noční košile

πιτζάμες

pyžamo

σάρι

sárí

μαντήλι

šátek na hlavu

τουρμπάνι

turban

μπούρκα

burka

καφτάνι

kaftan

μουσουλμανικό ένδυμα

abája

ολόσωμο μαγιό

plavky

ανδρικό μαγιό

pánské plavky

σορτς

kraťasy

αθλητική φόρμα

tepláková souprava

ποδιά

zástěra

γάντια

rukavice

κουμπί

knoflík

γυαλιά

brýle

βραχιόλι

náramek

περιδέραιο

náhrdelník

δαχτυλίδι

prsten

σκουλαρίκι

náušnice

καπέλο

čepice

κρεμάστρα

ramínko

καπέλο

klobouk

γραβάτα

kravata

φερμουάρ

zip

κράνος

helma

τιράντες

kšandy

μαθητική στολή

školní uniforma

στολή

uniforma

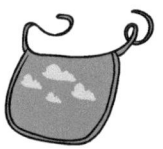

σαλιάρα

bryndák

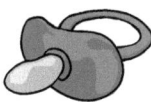

πιπίλα

dudlík

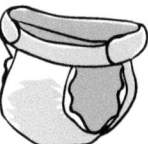

πάνα

plena

# γραφείο
# kancelář

σέρβερ
server
αρχειοθήκη
kartotéka
εκτυπωτής
tiskárna
χαρτί
papír
οθόνη
monitor
γραφείο
psací stůl
ποντίκι
myš
ντοσιέ
šanon
πληκτρολόγιο
klávesnice
καλάθι αχρήστων
odpadkový koš na papír
υπολογιστής
počítač
καρέκλα
židle

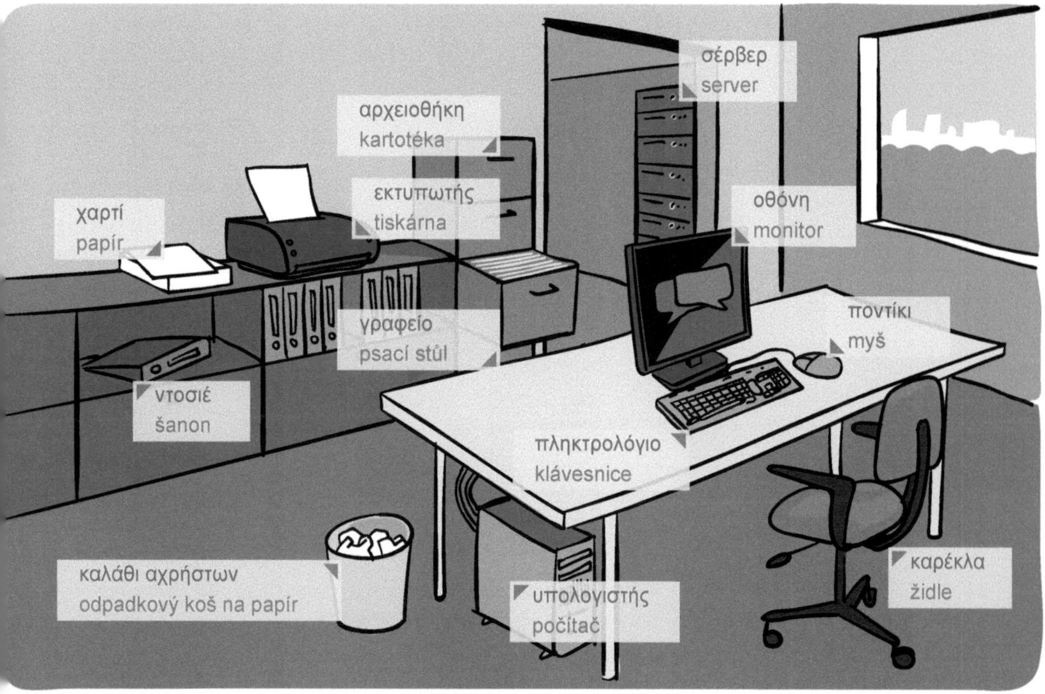

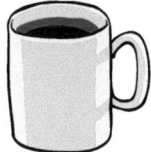

κούπα του καφέ

hrnek na kávu

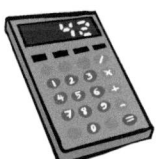

κομπιουτεράκι

kalkulačka

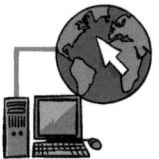

ίντερνετ

internet

λάπτοπ

notebook

γράμμα

dopis

μήνυμα

zpráva

κινητό

mobil

δίκτυο

síť

φωτοτυπικό μηχάνημα

kopírka

λογισμικό

software

τηλέφωνο

telefon

πρίζα

zásuvka

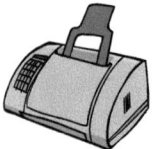

συσκευή φαξ

fax

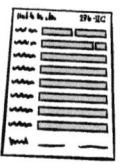

έντυπο

formulář

έγγραφο

dokument

αγοράζω

nakupovat

πληρώνω

zaplatit

συναλλάσσομαι

jednat

χρήματα

peníze

δολάριο

dolar

ευρώ

euro

γιεν

jen

ρούβλι

rubl

ελβετικό φράγκο

frank

ρενμίνμπι γιουάν

juan

ρουπία

rupie

ATM (αυτόματη ταμειακή μηχανή)

bankomat

ανταλλακτήρια
συναλλάγματος

směnárna

χρυσός

zlato

ασήμι

stříbro

πετρέλαιο

olej

ενέργεια

energie

τιμή

cena

συμβόλαιο

smlouva

φόρος

daň

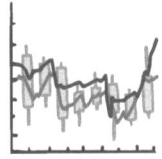

μετοχή

akcie

δουλεύω

pracovat

υπάλληλος

zaměstnanec

εργοδότης

zaměstnavatel

εργοστάσιο

továrna

κατάστημα

obchod

# επαγγέλματα
# povolání

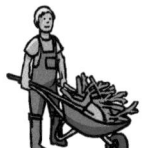

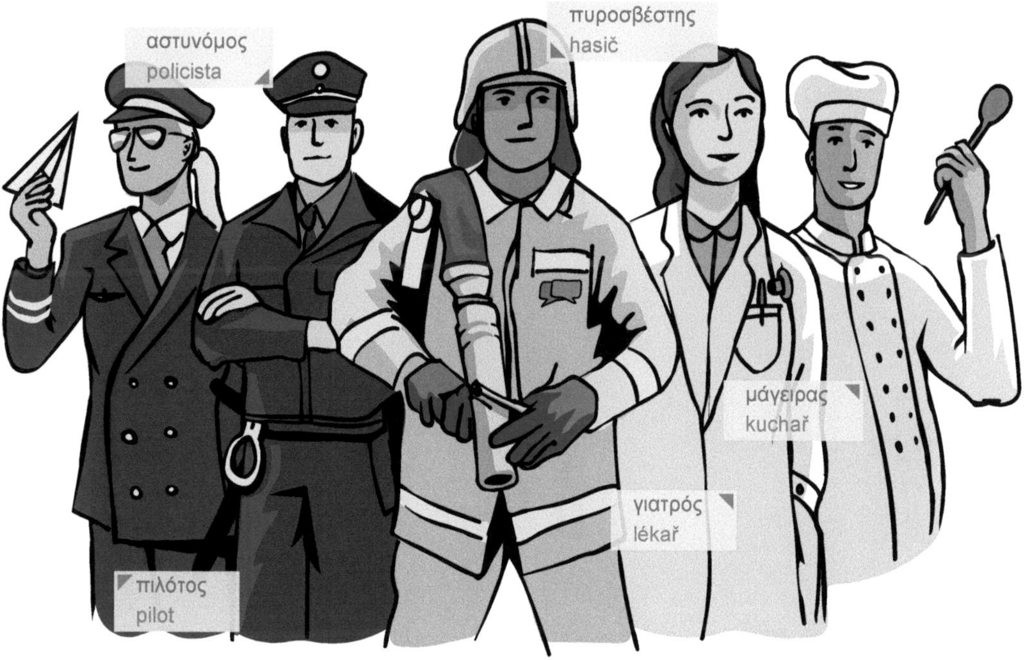
αστυνόμος
policista
πυροσβέστης
hasič
μάγειρας
kuchař
γιατρός
lékař
πιλότος
pilot

κηπουρός

zahradník

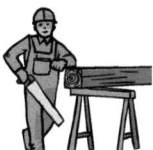

ξυλουργός

truhlář

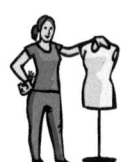

μοδίστρα

švadlena

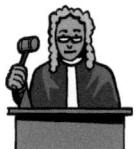

δικαστής

soudce

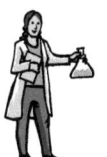

χημικός

chemik

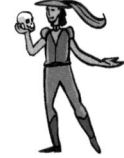

ηθοποιός

herec

οδηγός λεωφορείου

řidič autobusu

ταξιτζής

řidič taxi

ψαράς

rybář

καθαρίστρια

uklízečka

τεχνίτης στεγών

pokrývač

σερβιτόρος

číšník

κυνηγός

myslivec

ζωγράφος

malíř

αρτοποιός

pekař

ηλεκτρολόγος

elektrikář

οικοδόμος

stavební dělník

μηχανολόγος

inženýr

κρεοπώλης

řezník

υδραυλικός

klempíř

ταχυδρόμος

listonoš

στρατιώτης

voják

αρχιτέκτονας

architekt

ταμίας

pokladní

ανθοπώλης

florista

κομμωτής

kadeřník

ελεγκτής εισιτηρίων

průvodčí

μηχανικός

mechanik

καπετάνιος

kapitán

οδοντίατρος

zubař

επιστήμονας

vědec

ραβίνος

rabín

ιμάμης

imám

μοναχός

mnich

ιερέας

duchovní

# εργαλεία
# nářadí

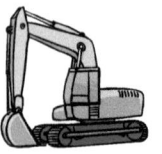

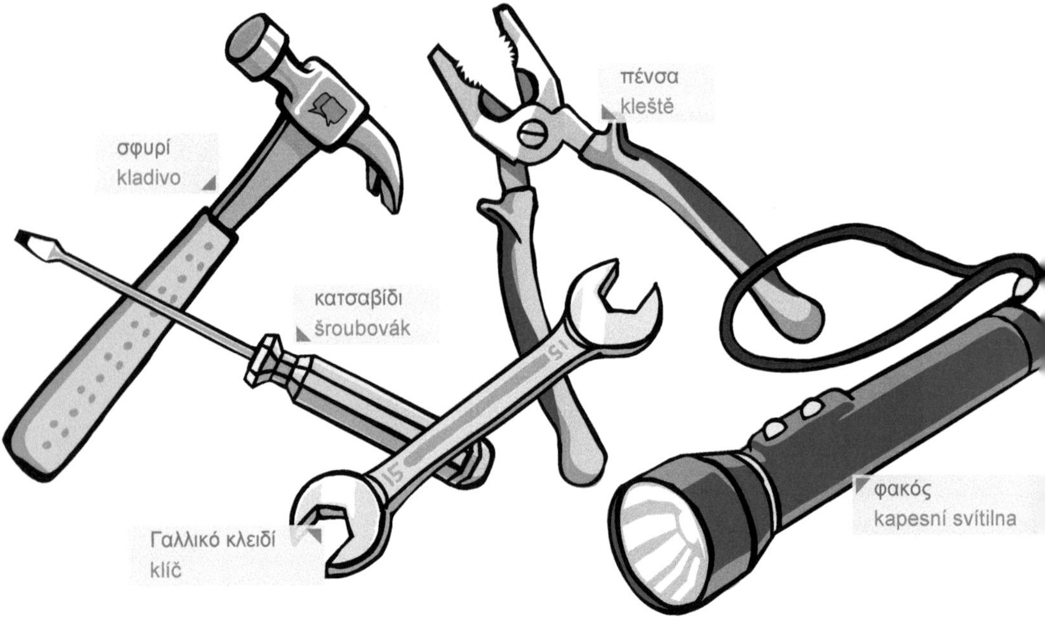
σφυρί
kladivo
πένσα
kleště
κατσαβίδι
šroubovák
φακός
kapesní svítilna
Γαλλικό κλειδί
klíč

εκσκαφέας
bagr

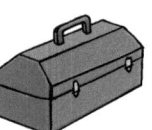

εργαλειοθήκη
skříň na nářadí

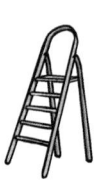

σκάλα
žebřík

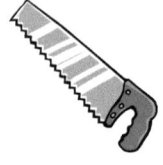

πριόνι
pila

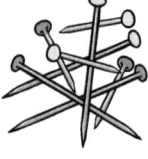

καρφιά
hřebíky

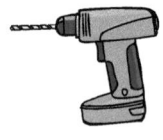

τρυπάνι
vrtačka

επισκευάζω

opravit

φτυάρι

lopata

Να πάρει!

Kurva!

φαράσι

lopatka

δοχείο χρωμάτων

vědroé na barvu

βίδες

šrouby

## μουσικά όργανα
## hudební nástroje

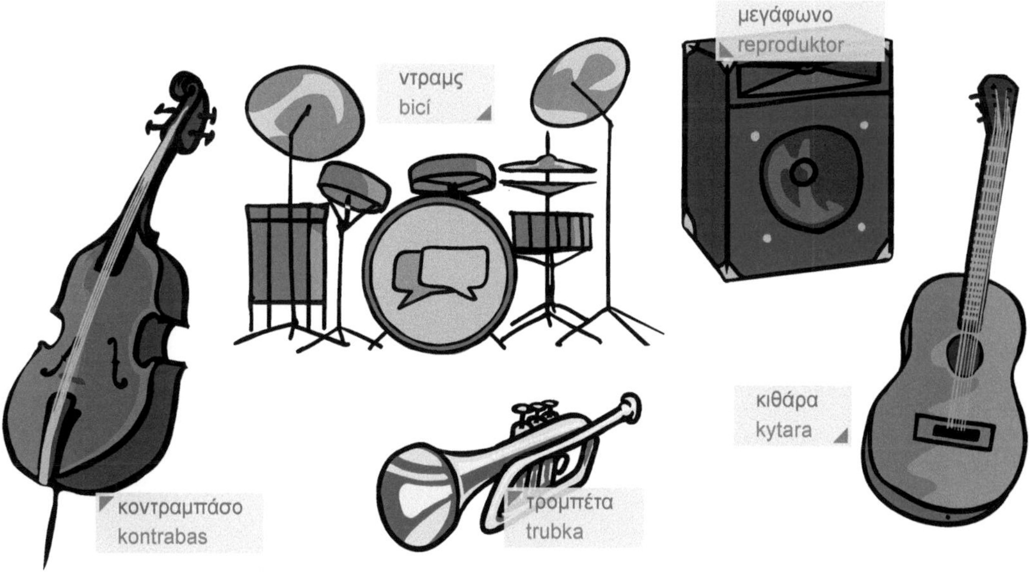

μεγάφωνο
reproduktor

ντραμς
bicí

κοντραμπάσο
kontrabas

τρομπέτα
trubka

κιθάρα
kytara

πιάνο

klavír

βιολί

housle

μπάσο

basa

τύμπανα

tympán

τύμπανο

bubny

πλήκτρα

keyboard

σαξόφωνο

saxofon

φλάουτο

flétna

μικρόφωνο

mikrofon

# ζωολογικός κήπος

## zoo

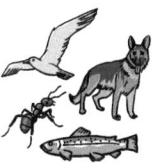

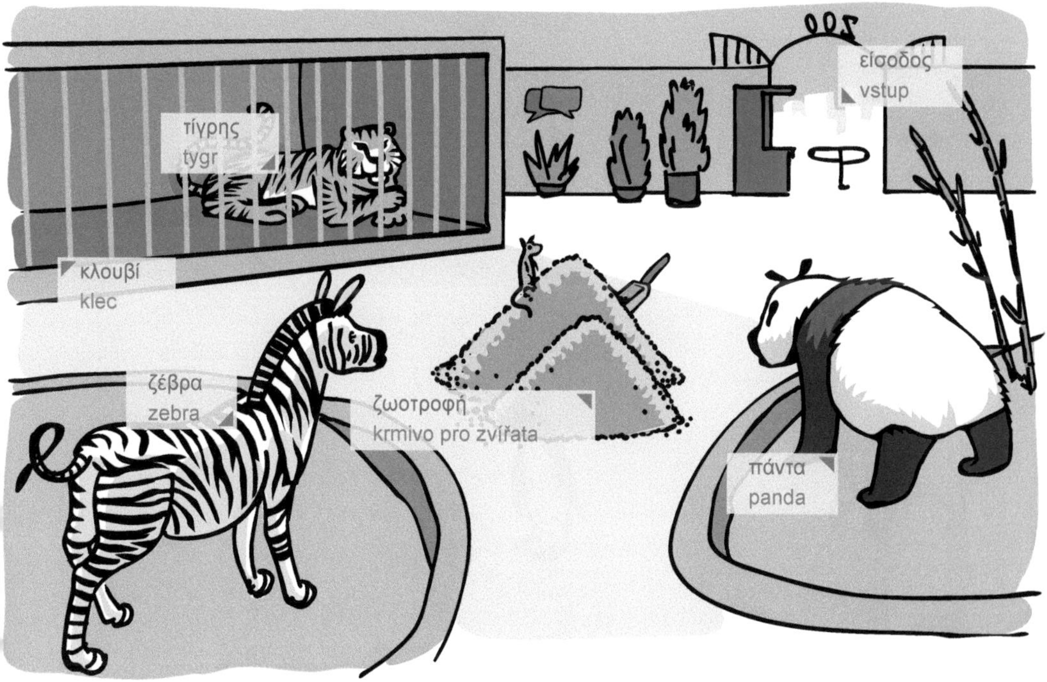

είσοδος
vstup
τίγρης
tygr
κλουβί
klec
ζέβρα
zebra
ζωοτροφή
krmivo pro zvířata
πάντα
panda


ζώα

zvířata

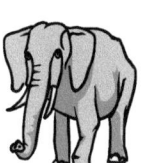

ελέφαντας

slon

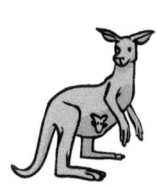

καγκουρό

klokan

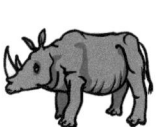

ρινόκερος

nosorožec

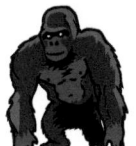

γορίλας

gorila

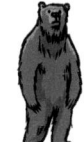

αρκούδα

medvěd

καμήλα

velbloud

στρουθοκάμηλος

pštros

λιοντάρι

lev

πίθηκος

opice

φλαμίνγκο

plameňák

παπαγάλος

papoušek

πολική αρκούδα

lední medvěd

πιγκουίνος

tučňák

καρχαρίας

žralok

παγώνι

páv

φίδι

had

κροκόδειλος

krokodýl

φύλακας ζωολογικού κήπου

ošetřovatel zvířat

φώκια

tuleň

τζάγκουαρ

jaguár

πόνυ

poník

λεοπάρδαλη

leopard

ιπποπόταμος

hroch

καμηλοπάρδαλη

žirafa

αετός

orel

αγριογούρουνο

divoké prase

ψάρι

ryby

χελώνα

želva

θαλάσσιος ίππος

mrož

αλεπού

liška

γαζέλα

gazela

Αμερικάνικο ποδόσφαιρο
americký fotbal

ποδηλασία
cyklistika

αντισφαίριση
tenis

μπάσκετ
košíková

κολύμβηση
plavání

πυγχαμία
box

χôκεϋ επί πάγου
ledni hokej

| | | |
|---|---|---|
| ποδόσφαιρο | μπάντμιντον | στίβος |
| kopaná | badminton | lehká atletika |
| χάντμπολ | σκι | πόλο |
| házená | běh na lyžích | vodní pólo |

# δραστηριότητες
## aktivity

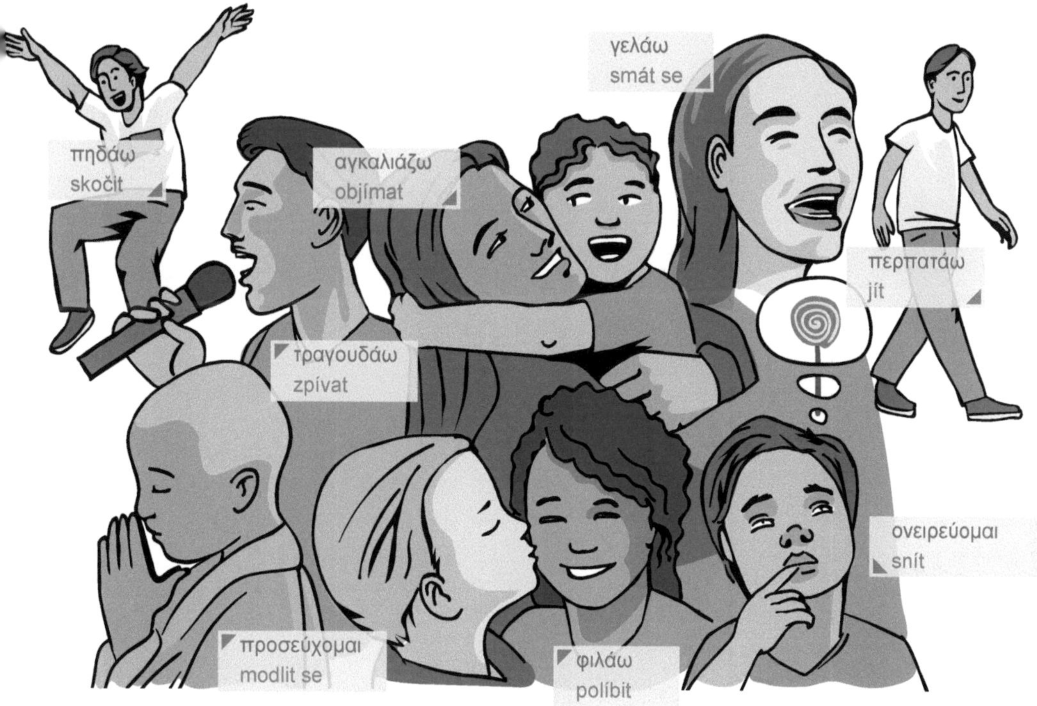
γελάω
smát se
πηδάω
skočit
αγκαλιάζω
objímat
περπατάω
jít
τραγουδάω
zpívat
ονειρεύομαι
snít
προσεύχομαι
modlit se
φιλάω
políbit

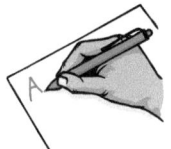

γράφω
psát

σχεδιάζω
kreslit

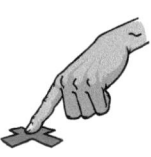

δείχνω
ukazovat

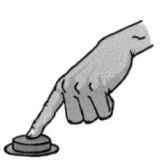

πιέζω
tlačit

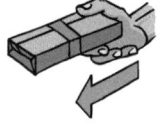

δίνω
dát

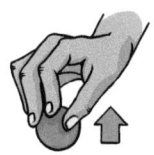

παίρνω
vzít si

έχω
mít

κάνω
dělat

είμαι
být

στέκομαι
stát

τρέχω
běhat

τραβάω
táhnout

ρίχνω
hodit

πέφτω
padat

ξαπλώνω
ležet

περιμένω
čekat

κουβαλώ
nosit

κάθομαι
sedět

φοράω
oblékat

κοιμάμαι
spát

ξυπνάω
vzbudit se

δραστηριότητες - aktivity

κοιτάω

prohlédnout si

κλαίω

plakat

χαϊδεύω

pohladit

χτενίζω

česat

μιλάω

hovořit

καταλαβαίνω

rozumět

ρωτάω

ptát se

ακούω

slyšet

πίνω

pít

τρώω

jíst

συγυρίζω

uklidit

αγαπάω

milovat

μαγειρεύω

vařit

οδηγώ

jet

πετάω

letět

δραστηριότητες - aktivity

κάνω ιστιοπλοΐα

plachtit

υπολογίζω

počítat

διαβάζω

číst

μαθαίνω

učit se

δουλεύω

pracovat

παντρεύομαι

vzít si

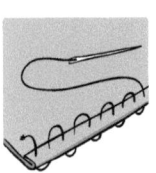

ράβω

šít

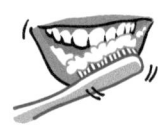

βουρτσίζω τα δόντια

čistit si zuby

σκοτώνω

zabít

καπνίζω

kouřit

στέλνω

poslat

γιαγιά
babička

μωρό
dítě

παππούς
dědeček

μητέρα
matka

πατέρας
otec

κόρη
dcera

γιος
syn

καλεσμένος

host

θεία

teta

θείος

strýc

αδελφός

bratr

αδελφή

sestra

# σώμα
# tělo

μέτωπο
čelo
μάτι
oko
ώμος
rameno
δάχτυλο
prst
πρόσωπο
obličej
πιγούνι
brada
χέρι
ruka
πόδι
dolní končetina
στήθος
hruď
βραχίονας
paže

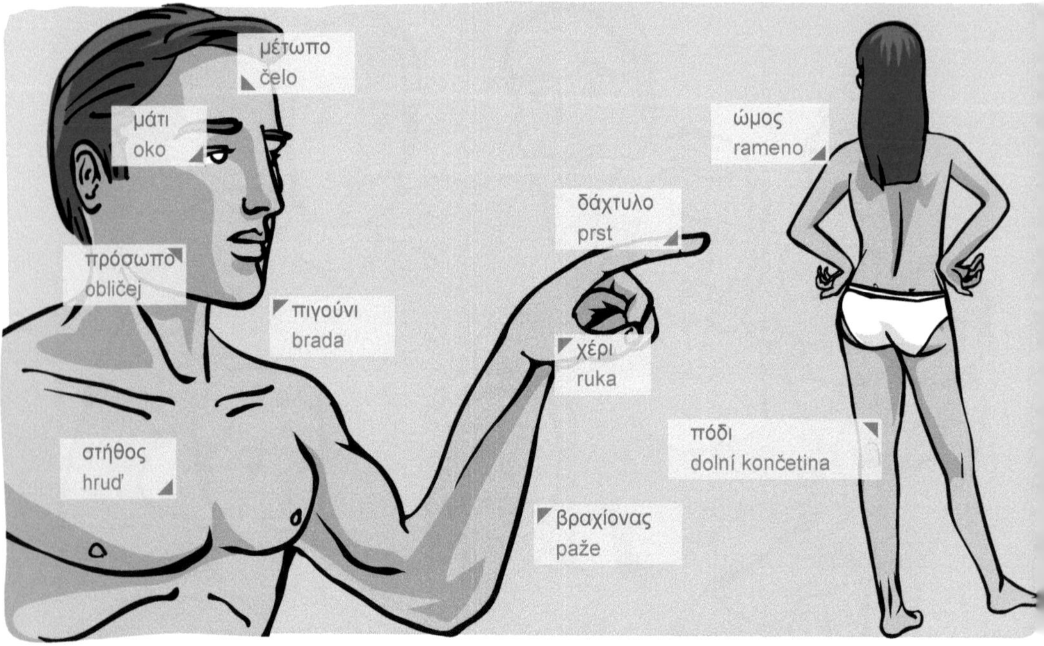

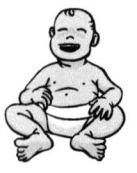

μωρό
dítě

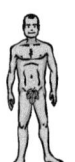

άνδρας
muž

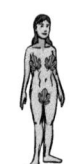

γυναίκα
žena

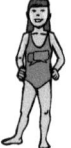

κορίτσι
dívka

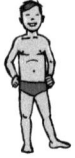

αγόρι
chlapec

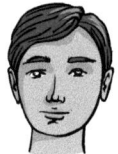

κεφάλι
hlava

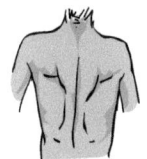

πλάτη
záda

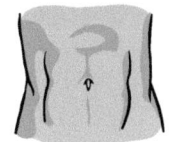

κοιλιά
břicho

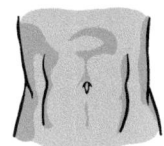

αφαλός
pupík

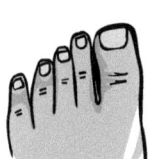

δάχτυλο ποδιού
prst na noze

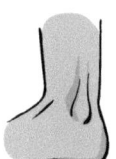

φτέρνα
pata

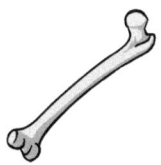

κόκκαλο
kost

γοφός
bok

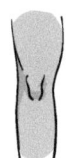

γόνατο
koleno

αγκώνας
loket

μύτη
nos

γλουτός
zadek

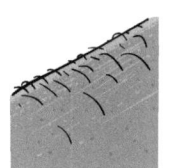

δέρμα
kůže

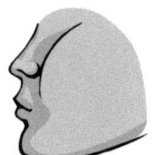

μάγουλο
tvář

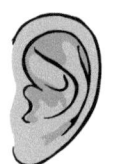

αυτί
ucho

χείλος
ret

σώμα - tělo

στόμα

ústa

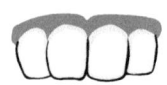

δόντι

zub

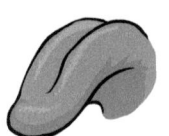

γλώσσα

jazyk

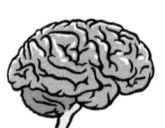

εγκέφαλος

mozek

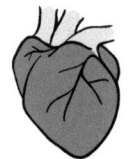

καρδιά

srdce

μυς

sval

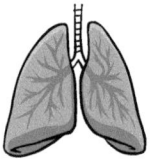

πνεύμονας

plíce

συκώτι

játra

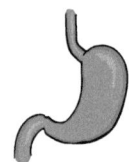

στομάχι

žaludek

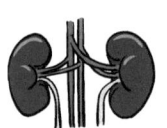

νεφρά

ledviny

σεξουαλική επαφή

pohlavní styk

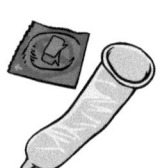

προφυλακτικό

kondom

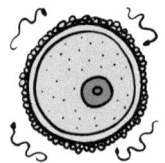

ωάριο

vajíčko

σπέρμα

sperma

εγκυμοσύνη

těhotenství

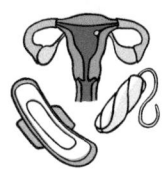

περίοδος

menstruace

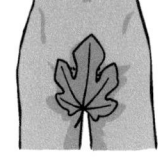

γυναικείος κόλπος

vagina

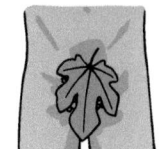

πέος

penis

φρύδι

obočí

μαλλιά

vlasy

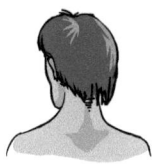

λαιμός

krk

σώμα - tělo

# νοσοκομείο

# nemocnice

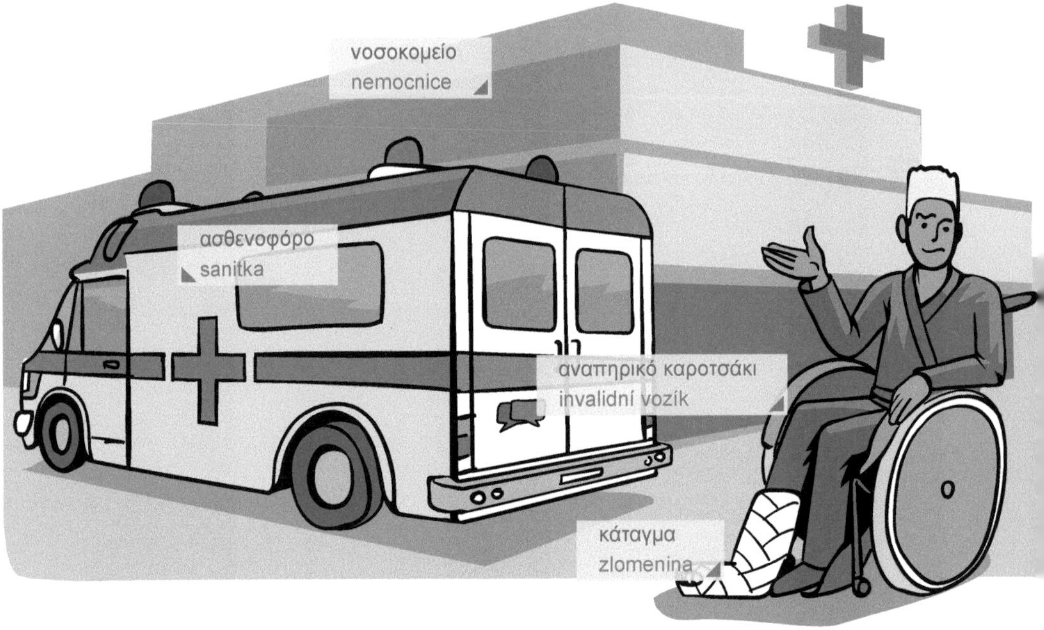

νοσοκομείο
nemocnice
ασθενοφόρο
sanitka
αναπηρικό καροτσάκι
invalidní vozík
κάταγμα
zlomenina

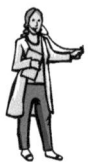

γιατρός

lékař

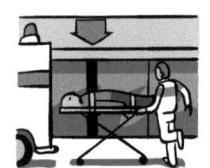

μονάδα εντατικής θεραπείας

pohotovost

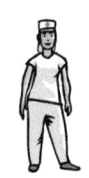

νοσοκόμα

zdravotní sestra

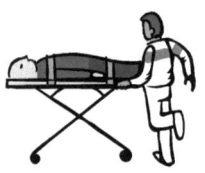

έκτακτη ανάγκη

urgentní případ

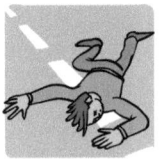

λιπόθυμος

v bezvědomí

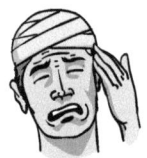

πόνος

bolest

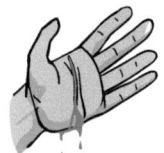

τραύμα

úraz

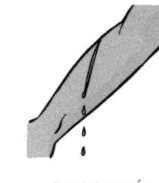

αιμορραγία

krvácení

έμφραγμα

infarkt myokardu

εγκεφαλικό

cévní mozková příhoda

αλλεργία

alergie

βήχας

kašel

πυρετός

horečka

γρίπη

chřipka

διάρροια

průjem

πονοκέφαλος

bolest hlavy

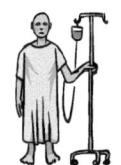

καρκίνος

rakovina

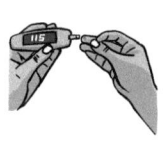

διαβήτης

cukrovka

χειρουργός

chirurg

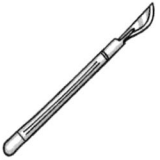

νυστέρι

skalpel

εγχείρηση

operace

νοσοκομείο - nemocnice

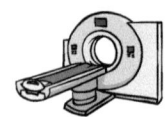

αξονική τομογραφία

CT

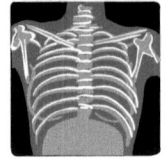

ακτινογραφία

rentgen

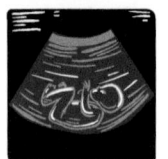

υπέρηχος

ultrazvuk

μάσκα

maska

ασθένεια

nemoc

αίθουσα αναμονής

čekárna

πατερίτσα

berle

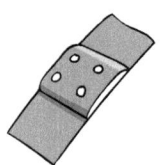

χάνσαπλαστ

náplast

επίδεσμος

obvaz

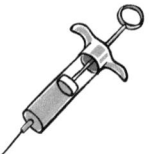

ένεση

injekce

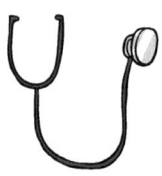

στηθοσκόπιο

stetoskop

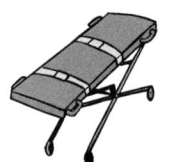

φορείο

nosítka

θερμόμετρο

teploměr

γέννηση

porod

υπέρβαρο

nadváha

ακουστικό βαρηκοΐας

naslouchátko

αντισηπτικό

dezinfekční prostředek

λοίμωξη

infekce

ιός

virus

HIV/AIDS

HIV / AIDS

φάρμακο

lékařství

εμβολιασμός

očkování

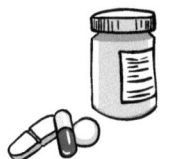

δισκία

tablety

χάπι

pilulka

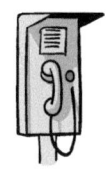

κλήση έκτακτης ανάγκης

tísňové volání

πιεσόμετρο αίματος

tonometr

άρρωστος / υγιής

nemocný / zdravý

Βοήθεια!

Pomoc!

συναγερμός

poplach

βιαιοπραγία

přepadení

επίθεση

napadení

κίνδυνος

nebezpečí

έξοδος κινδύνου

nouzový východ

Φωτιά!

Hoří!

πυροσβεστήρας

hasicí přístroj

ατύχημα

nehoda

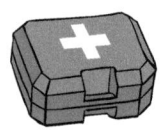

κουτί πρώτων βοηθειών

zdravotnická brašna

SOS

SOS

αστυνομία

policie

Ευρώπη

Evropa

Βόρεια Αμερική

Severní Amerika

Νότια Αμερική

Jižní Amerika

Αφρική

Afrika

Ασία

Asie

Αυστραλία

Austrálie

Ατλαντικός Ωκεανός

Atlantik

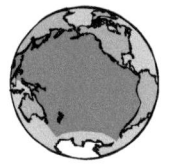

Ειρηνικός Ωκεανός

Pacifik

Ινδικός Ωκεανός

Indický oceán

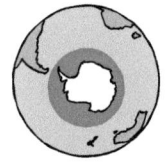

Ανταρκτικός Ωκεανός

Jižní ledový oceán

Αρκτικός Ωκεανός

Severní ledový oceán

Βόρειος Πόλος

severní pól

Νότιος Πόλος

jižní pól

Ανταρκτική

Antarktida

Γη

země

γη

pevnina

θάλασσα

moře

νησί

ostrov

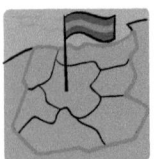

έθνος

národ

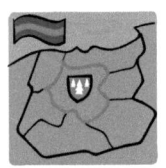

πολιτεία

stát

καντράν ρολογιού

ciferník

ωροδείκτης

hodinová ručička

λεπτοδείκτης

minutová ručička

δείκτης δευτερολέπτων

vteřinová ručička

Τι ώρα είναι;

Kolik je hodin?

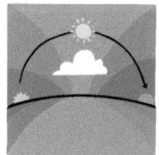

ημέρα

den

χρόνος

čas

τώρα

teď

ψηφιακό ρολόι

digitální hodinky

λεπτό

minuta

ώρα

hodina

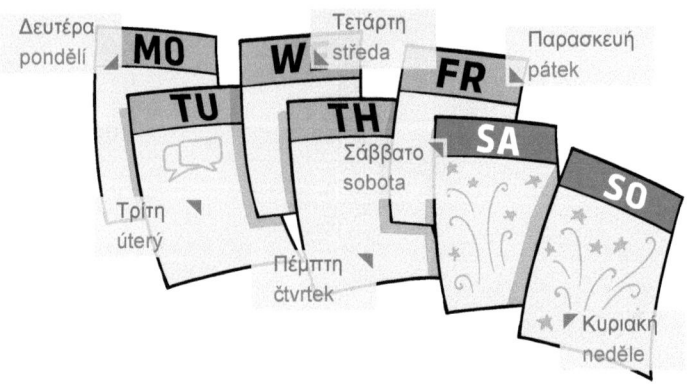

Δευτέρα
pondělí

**MO**

Τετάρτη
středa

**W**

Παρασκευή
pátek

**FR**

**TU**

**TH**

Σάββατο
sobota

**SA**

**SO**

Τρίτη
úterý

Πέμπτη
čtvrtek

Κυριακή
neděle

χθες

včera

σήμερα

dnes

αύριο

zítra

πρωί

ráno

μεσημέρι

poledne

βράδυ

večer

| MO | TU | WE | TH | FR | SA | SU |
|----|----|----|----|----|----|----|
| 1 | 2 | 3 | 4 | 5 | 6 | 7 |
| 8 | 9 | 10 | 11 | 12 | 13 | 14 |
| 15 | 16 | 17 | 18 | 19 | 20 | 21 |
| 22 | 23 | 24 | 25 | 26 | 27 | 28 |
| 29 | 30 | 31 | 1 | 2 | 3 | 4 |

εργάσιμες ημέρες

pracovní dny

| MO | TU | WE | TH | FR | SA | SU |
|----|----|----|----|----|----|----|
| 1 | 2 | 3 | 4 | 5 | 6 | 7 |
| 8 | 9 | 10 | 11 | 12 | 13 | 14 |
| 15 | 16 | 17 | 18 | 19 | 20 | 21 |
| 22 | 23 | 24 | 25 | 26 | 27 | 28 |
| 29 | 30 | 31 | 1 | 2 | 3 | 4 |

Σαββατοκύριακο

víkend

# έτος
# rok

βροχή
déšť
ουράνιο τόξο
duha
άνεμος
vítr
χιόνι
sníh
άνοιξη
jaro
καλοκαίρι
léto
φθινόπωρο
podzim
χειμώνας
zima

4.APRIL 11°
5.APRIL 4°
6.APRIL 13°
7.APRIL 8°
8.APRIL 10°

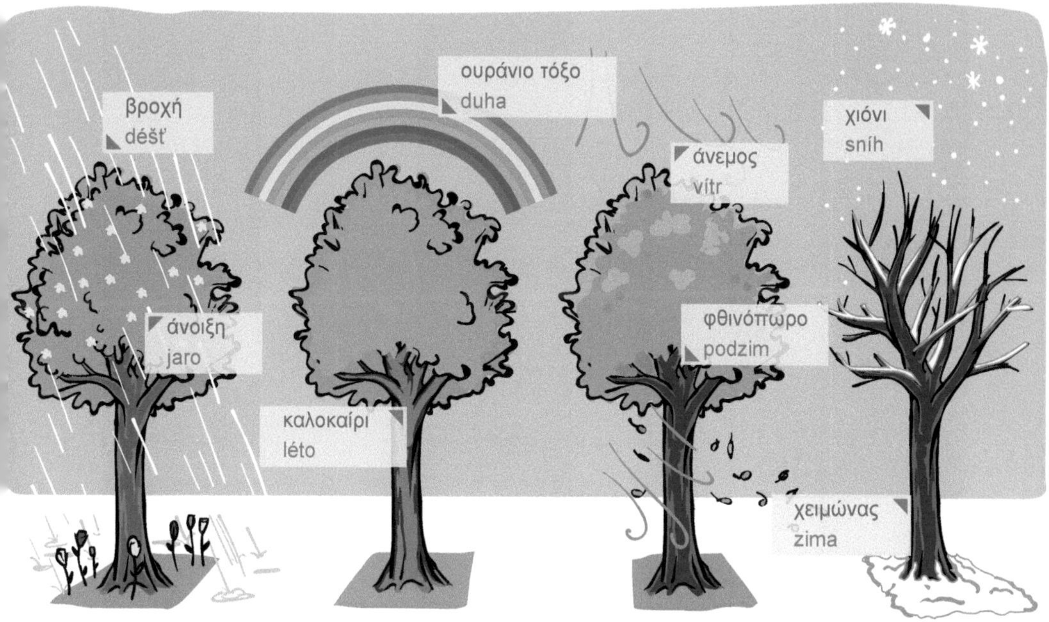

πρόγνωση καιρού

předpověď počasí

F C
120 40
90 30
60 20
30 10
0 0
-30 -10
-20

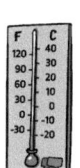

θερμόμετρο

teploměr

λιακάδα

sluneční svit

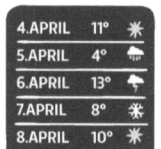

σύννεφο

mrak

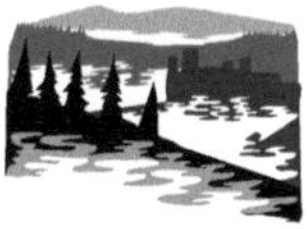

ομίχλη

mlha

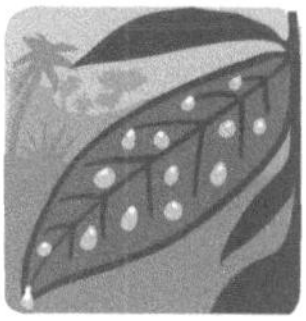

υγρασία

vlhkost

αστραπή
blesk

κεραυνός
hrom

καταιγίδα
bouřka

χαλάζι
kroupy

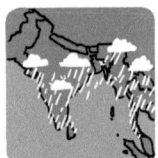

μουσώνας
monzun

πλημμύρα
povodeň

πάγος
led

Ιανουάριος
leden

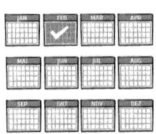

Φεβρουάριος
únor

Μάρτιος
březen

Απρίλιος
duben

Μάιος
květen

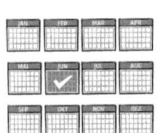

Ιούνιος
červen

Ιούλιος
červenec

Αύγουστος
srpen

έτος - rok

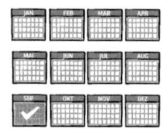

Σεπτέμβριος

září

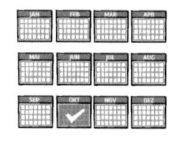

Οκτώβριος

říjen

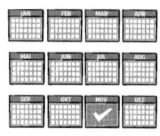

Νοέμβριος

listopad

Δεκέμβριος

prosinec

# σχήματα
# tvary

κύκλος

kruh

τετράγωνο

čtverec

ορθογώνιο
παραλληλόγραμμο
obdélník

τρίγωνο

trojúhelník

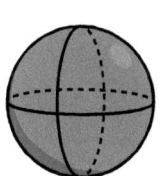

σφαίρα

koule

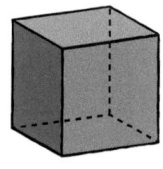

κύβος

krychle

# χρώματα
## barvy

άσπρο
bílá

κίτρινο
žlutá

πορτοκαλί
oranžová

ροζ
růžová

κόκκινο
červená

μωβ
fialová

μπλε
modrá

πράσινο
zelená

καφέ
hnědá

γκρι
šedá

μαύρο
černá

πολύ / λίγο

hodně / málo

θυμωμένος / ήρεμος

rozzuřený / mírumilovný

όμορφος / άσχημος

krásný / ošklivý

αρχή / τέλος

začátek / konec

μεγάλος / μικρός

velký / malý

φωτεινός / σκοτεινός

světlý / tmavý

αδελφός / αδελφή

bratr / sestra

καθαρός / λερωμένος

čistý / špinavý

πλήρης / ατελής

úplný / neúplný

ημέρα / νύχτα

den / noc

νεκρός / ζωντανός

mrtvý / živý

φαρδύς / στενός

široký / úzký

βρώσιμος / μη βρώσιμος

jedlý / nejedlý

κακός / ευγενικός

zlý / hodný

ενθουσιασμένος / βαριεστημένος

vzrušený / znuděný

παχύς / λεπτός

tlustý / hubený

πρώτος / τελευταίος

nejdříve / naposledy

φίλος / εχθρός

přítel / nepřítel

γεμάτος / άδειος

plný / prázdný

σκληρός / μαλακός

tvrdý / měkký

βαρύς / ελαφρύς

těžký / lehký

πείνα / δίψα

hlad / žízeň

άρρωστος / υγιής

nemocný / zdravý

παράνομος / νόμιμος

ilegální / legální

έξυπνος / χαζός

inteligentní / hloupý

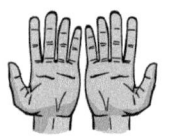

αριστερός / δεξιός

vlevo / vpravo

κοντινός / μακρινός

blízko / daleko

καινούριος /
μεταχειρισμένος

νový / použitý

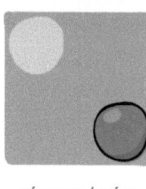

τίποτα / κάτι

nic / něco

γέρος | νέος

starý / mladý

αναμμένος / σβηστός

zapnutý / vypnutý

ανοιχτός / κλειστός

otevřeno / zavřeno

χαμηλόφωνος /
μεγαλόφωνος
tichý / hlasitý

πλούσιος / φτωχός

bohatý / chudý

σωστός / λανθασμένος

správný / špatný

τραχύς / λείος

drsný / hladký

λυπημένος / χαρούμενος

smutný / šťastný

κοντός / μακρύς

krátký / dlouhý

αργός / γρήγορος

pomalý / rychlý

υγρός / στεγνός

vlhký / suchý

ζεστός / δροσερός

teplý / chladný

πόλεμος / ειρήνη

válka / mír

| **0** | **1** | **2** |
|:---:|:---:|:---:|
| μηδέν | ένα | δύο |
| nula | jedna | dva |

| **3** | **4** | **5** |
|:---:|:---:|:---:|
| τρία | τέσσερα | πέντε |
| tři | čtyři | pět |

| **6** | **7** | **8** |
|:---:|:---:|:---:|
| έξι | εφτά | οκτώ |
| šest | sedm | osm |

| **9** | **10** | **11** |
|:---:|:---:|:---:|
| εννιά | δέκα | έντεκα |
| devět | deset | jedenáct |

**12**

δώδεκα

dvanáct

**13**

δεκατρία

třináct

**14**

δεκατέσσερα

čtrnáct

**15**

δεκαπέντε

patnáct

**16**

δεκαέξι

šestnáct

**17**

δεκαεφτά

sedmnáct

**18**

δεκαοκτώ

osmnáct

**19**

δεκαεννέα

devatenáct

**20**

είκοσι

dvacet

**100**

εκατό

sto

**1.000**

χίλια

tisíc

**1.000.000**

εκατομμύριο

milion

αριθμοί - čísla

Αγγλικά

angličtina

Αμερικάνικα Αγγλικά

americká angličtina

Μανδαρίνικα Κινέζικα

standardní čínština

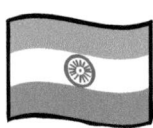

Χίντι

hindština

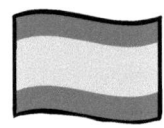

Ισπανικά

španělština

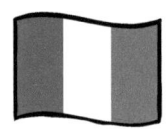

Γαλλικά

francouzština

Αραβικά

arabština

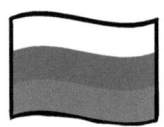

Ρώσικα

ruština

Πορτογαλικά

portugalština

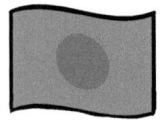

Μπενγκάλι

bengálština

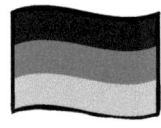

Γερμανικά

němčina

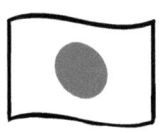

Ιαπωνικά

japonština

εγώ

já

εσύ

ty

αυτός / αυτή / αυτό

on / ona / ono

εμείς

my

εσείς

vy

αυτοί / αυτές / αυτά

oni

ποιος / ποια / ποιο;

Kdo?

τι;

Co?

πώς;

Jak?

πού;

Kde?

πότε;

Kdy?

όνομα

jméno

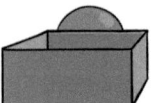

πίσω
za

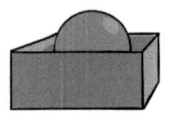

μέσα
do

μπροστά
z

πάνω από
nad

πάνω
na

κάτω
mezi

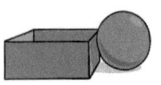

δίπλα
vedle

ανάμεσα
mezi

μέρος
místo